A-

Hans Christian Andersen
Andersens Märchen

Hans Christian Andersen

Andersens Märchen

Mit Illustrationen von
Betina Gotzen-Beek

Ravensburger Buchverlag

gelöscht Märchen
Ande

Stadtbibliothek
Neu-Isenburg

„Es geht mit Geschichten wie mit vielen Menschen,
sie werden mit zunehmendem Alter schöner und schöner (…)."

Hans Christian Andersen

Inhalt

Der Schweinehirt   9

Das hässliche Entlein   18

Des Kaisers neue Kleider   36

Das Mädchen mit den Schwefelhölzchen   44

Die wilden Schwäne   50

Der fliegende Koffer   78

Die Prinzessin auf der Erbse   88

Die Nachtigall   92

Das Feuerzeug   110

Was Vater tut, ist immer recht   124

Däumelinchen   132

Die kleine Meerjungfrau   152

Die Schneekönigin   186

Der Schweinehirt

Es war einmal ein armer Prinz. Sein Königreich war sehr klein, aber es war allemal groß genug, um darin zu heiraten, und heiraten wollte er. Nun war es freilich etwas keck von ihm, dass er zur Tochter des Kaisers zu sagen wagte: „Willst du mich?" Aber er wagte es doch, denn sein Name war weit und breit berühmt. Es gab Hunderte von Prinzessinnen, die gern Ja gesagt hätten. Aber ob die Tochter des Kaisers auch darunter war?
Nun, wir wollen sehen.
Auf dem Grab von des Prinzen Vater wuchs ein herrlicher Rosenstrauch. Der blühte nur jedes fünfte Jahr und dann trug er nur eine einzige Rose. Aber was für eine Rose! Die duftete so süß, dass man alle seine Sorgen und seinen Kummer vergaß, wenn man daran roch. Außerdem besaß der Prinz eine Nachtigall, die singen konnte, als ob alle schönen Melodien in ihrer kleinen Kehle säßen. Diese Rose und diese Nachtigall sollte die Prinzessin haben. Beides kam in große Silberkästen und wurde so zu ihr gesandt.
Der Kaiser ließ die Geschenke vor sich her in den großen Saal tragen, wo die Prinzessin mit ihren Hofdamen spielte. Als sie die großen Kästen mit den Geschenken darin sah, klatschte sie vor Freude in die Hände.
„Wenn es doch eine kleine Miezekatze wäre!", sagte sie. – Aber da kam die herrliche Rose hervor.

„Nein, wie ist die reizend gemacht!", riefen alle Hofdamen.

„Sie ist mehr als reizend", sagte der Kaiser, „sie ist charmant!"

Aber die Prinzessin befühlte sie und da war sie nahe daran, zu weinen. „Pfui, Papa!", sagte sie. „Sie ist nicht künstlich, sie ist natürlich!"

„Pfui!", schimpften alle Hofdamen, „sie ist natürlich!"

„Lasst uns erst sehen, was in dem anderen Kasten ist, ehe wir böse werden", meinte der Kaiser. Da kam die Nachtigall heraus. Sie sang so schön, dass man nicht sogleich etwas Böses gegen sie vorzubringen wusste.

„Superbe! Charmant!", riefen die Hofdamen, denn sie plauderten alle Französisch, eine eleganter als die andere.

„Wie der Vogel mich an die Spieldose der hochseligen Kaiserin erinnert", sagte ein alter Kavalier. „Ach ja, das ist ganz derselbe Ton, derselbe Vortrag!"

„So ist es", sagte der Kaiser und dann weinte er wie ein kleines Kind.

„Ich will doch nicht hoffen, dass er natürlich ist?", fragte die Prinzessin.

„Doch, es ist ein natürlicher Vogel", erwiderten die, welche ihn gebracht hatten.

„So lasst den Vogel fliegen", sagte die Prinzessin und wollte auf keinen Fall erlauben, dass der Prinz käme.

Aber der ließ sich nicht einschüchtern. Er beschmierte sich das Gesicht mit Braun und Schwarz, zog sich die Mütze tief über den Kopf und klopfte an.
„Guten Tag, Kaiser!", sagte er. „Könnte ich nicht hier auf dem Schloss in Dienst treten?"
„Doch", meinte der Kaiser, „es sind aber so viele, die Dienst suchen. Lass mal sehen. Ich brauche einen, der die Schweine hüten kann, denn von denen haben wir eine Menge!"
Und so wurde der Prinz als kaiserlicher Schweinehirt angestellt. Er bekam eine jämmerliche kleine Kammer unten beim Schweinestall und hier musste er bleiben. Den ganzen Tag saß er und arbeitete, und als es Abend war, hatte er einen zierlichen kleinen Topf gemacht. Rings um den Topf herum waren Schellen angebracht und sobald er kochte, klingelten sie so schön und spielten die alte Melodie:
„Ach, du lieber Augustin, alles ist hin, hin, hin!"
Aber das Allerkunstvollste war doch, dass man, wenn man den Finger in den Dampf

des Topfes hielt, sogleich riechen konnte, welche Speisen unter jedem Schornstein in der Stadt zubereitet wurden. Das war wahrlich etwas ganz anderes als eine Rose.

Nun kam die Prinzessin mit all ihren Hofdamen daherspaziert, und als sie die Melodie hörte, blieb sie stehen und sah ganz erfreut aus, denn sie konnte auch „Ach, du lieber Augustin" spielen. Es war das Einzige, was sie konnte, aber das spielte sie mit einem Finger.

„Das ist ja das, was ich kann!", sagte sie. „Das muss ein gebildeter Schweinehirt sein! Höre, geh hinein und frage ihn, was das Instrument kostet."

Da musste eine der Hofdamen in den Schweinestall gehen, aber sie zog zuvor Holzpantoffeln an.

„Was willst du für den Topf haben?", fragte die Hofdame.

„Ich will zehn Küsse von der Prinzessin", sagte der Schweinehirt.

„Gott bewahre!", rief die Hofdame.

„Aber für weniger tue ich es nicht", entgegnete der Schweinehirt.

„Nun, was antwortete er?", fragte die Prinzessin.

„Das mag ich gar nicht sagen", erwiderte die Hofdame, „es ist so scheußlich!"

„Du kannst es flüstern!" Und so flüsterte sie.

„Er ist unartig!", sagte die Prinzessin und dann ging sie.

Aber als sie ein kleines Stück gegangen war, erklangen die Schellen so lieblich:

„Ach, du lieber Augustin,
alles ist hin, hin, hin!"

„Höre", sagte die Prinzessin, „frage ihn, ob er zehn Küsse von meinen Hofdamen haben will."

„Ich danke schön", antwortete der Schweinehirt, „zehn Küsse von der Prinzessin oder ich behalte meinen Topf."

„Wie ist das doch umständlich!", sagte die Prinzessin. „Aber dann müsst ihr euch vor mich stellen, damit es niemand sieht!"

Die Hofdamen stellten sich vor sie und breiteten ihre Kleider aus, und da bekam der Schweinehirt die zehn Küsse und sie bekam den Topf.

Nun, das war eine Freude! Den ganzen Abend und den ganzen Tag musste der Topf kochen. Es gab nicht einen Schornstein in der Stadt, von dem sie nicht wussten, was darunter gekocht wurde, sowohl beim Kammerherrn als auch beim Schuhmacher.

Die Hofdamen tanzten und klatschten in die Hände.

„Wir wissen, wer süße Suppe und Eierkuchen essen wird. Wir wissen, wer Grütze und Rippchen bekommt. Wie interessant das doch ist!"

„Höchst interessant!", rief die Oberhofmeisterin.

„Ja, aber erzählt bloß nichts weiter, denn ich bin die Tochter des Kaisers."

„Gewiss! Das versteht sich!", sagten alle.

Der Schweinehirt, das heißt der Prinz – aber sie wussten ja nicht, dass er kein wirklicher Schweinehirt war –, ließ keinen Tag verstreichen, ohne etwas zu tun, und so machte er eine Ratsche. Wenn man die herumschwang, erklangen all die Walzer, Hopser und Polkas, die man seit Erschaffung der Welt gekannt hat.

„Aber das ist superbe!", sagte die Prinzessin, als sie vorbeiging. „Ich habe nie eine schönere Komposition gehört. Geh hinein und frage ihn, was das Instrument kostet. Aber ich küsse ihn nicht wieder!"

„Er will hundert Küsse von der Prinzessin haben", berichtete die Hofdame, die drinnen gewesen war, um zu fragen.

„Er ist wohl verrückt!", rief die Prinzessin und dann ging sie. Aber als sie ein kleines Stück gegangen war, blieb sie stehen. „Man muss die Kunst anregen", bemerkte sie. „Ich bin des Kaisers Tochter! Sage ihm, er solle, wie neulich, zehn Küsse haben, den Rest kann er von meinen Hofdamen bekommen."

„Ach, aber wir tun es so ungern!", riefen die Hofdamen.

„Das ist Geschwätz", erwiderte die Prinzessin, „und wenn ich ihn küssen kann, so könnt ihr es auch. Bedenkt, ihr steht in meinen Diensten!" Und nun musste die Hofdame wieder zu ihm hinein.

„Hundert Küsse von der Prinzessin", beharrte er, „oder jeder behält das Seine."

„Stellt euch davor", sagte die Prinzessin. Da stellten alle Hofdamen sich davor und dann küsste sie ihn.

„Was mag dort unten beim Schweinestall für ein Auflauf sein?", fragte sich der Kaiser, der auf den Balkon hinausgetreten war.

Er rieb sich die Augen und setzte die Brille auf. „Das sind ja die Hofdamen. Ich werde wohl zu ihnen hinuntermüssen." Potztausend, wie er sich sputete! Sobald er in den Hof hinunterkam, ging er ganz leise. Die Hofdamen hatten so viel damit zu tun, die Küsse zu zählen, damit es ehrlich zugehe und der Schweinehirt nicht zu viel, aber auch nicht zu wenig bekäme, dass sie den Kaiser gar nicht bemerkten. Er erhob sich auf die Zehenspitzen.

„Was ist das?", fragte der Kaiser, als er sah, dass sie sich küssten. Dann schlug er seine Tochter mit dem Pantoffel an den Kopf, gerade als der Schweinehirt den sechsundachtzigsten Kuss bekam.

„Schert euch fort!", rief der Kaiser, denn er war zornig. Sowohl die Prinzessin wie auch der Schweinehirt wurden aus seinem Kaiserreich verstoßen. Da stand sie nun und weinte. Der Schweinehirt schimpfte und der Regen strömte hernieder.

„Ach, ich elendes Geschöpf!", klagte die Prinzessin. „Hätte ich doch den schönen Prinzen genommen. Ach, wie unglücklich bin ich!"

Der Schweinehirt ging hinter einen Baum, wischte sich Schwarz und Braun aus seinem Gesicht, warf die schäbigen Kleider von sich und trat nun in seiner Prinzentracht hervor, so schön, dass die Prinzessin sich verneigen musste.

„Ich kann nicht mehr anders, als dich zu verachten", sagte er. „Du wolltest keinen ehrbaren Prinzen haben. Du wusstest die Rose und die Nachtigall nicht zu schätzen, aber den Schweinehirten für eine Spielerei küssen, das konntest du schon. Das hast du nun davon!"

Dann ging er in sein Königreich und machte ihr die Tür vor der Nase zu. Da konnte sie nun draußen stehen und singen: „Ach, du lieber Augustin, alles ist hin, hin, hin!"

Das hässliche Entlein

Es war so herrlich draußen auf dem Lande! Es war Sommer. Das Korn stand gelb, der Hafer grün, das Heu war in Schobern aufgesetzt und der Storch ging auf seinen langen roten Beinen und plapperte ägyptisch, denn diese Sprache hatte er von seiner Mutter gelernt. Rings um Acker und Wiesen waren große Wälder und mitten in den Wäldern tiefe Seen. Ja, es war wirklich herrlich da draußen auf dem Lande!
Im Sonnenschein lag dort ein alter Gutshof, von tiefen Kanälen umgeben. Von der Mauer bis zum Wasser herunter wuchsen große Klettenblätter, die so hoch waren, dass kleine Kinder unter den höchsten aufrecht stehen konnten. Es war ebenso wild darin wie im tiefsten Wald. Hier saß eine Ente auf ihrem Nest. Sie musste ihre Jungen ausbrüten, aber es wurde ihr fast zu langweilig, denn es dauerte so lange und sie bekam selten Besuch.
Die anderen Enten schwammen lieber in den Kanälen umher, als dass sie hinaufliefen und sich unter ein Klettenblatt setzten, um mit ihr zu schnattern.
Endlich platzte ein Ei nach dem andern auf: „Piep! Piep!", sagte es, und alle Eidotter waren lebendig geworden und steckten den Kopf heraus.
„Rapp! Rapp!", sagte die Ente, und dann rappelten sich alle, was sie konnten, und sahen unter den grünen Blättern nach allen Seiten umher.

Die Mutter ließ sie sehen, so viel sie wollten, denn das Grüne ist gut für die Augen.

„Wie groß ist doch die Welt!", sagten alle Jungen, denn nun hatten sie freilich ganz anders Platz als drinnen im Ei.

„Glaubt ihr, das sei die ganze Welt?", fragte die Mutter. „Die erstreckt sich noch weit über die andere Seite des Gartens, geradehinein in des Pfarrers Feld, aber da bin ich noch nie gewesen! – Ihr seid doch alle beisammen?", fuhr sie fort und stand auf. „Nein, ich habe nicht alle. Das größte Ei liegt noch da. Wie lange soll denn das dauern! Jetzt bin ich dessen bald überdrüssig!" Und dann setzte sie sich wieder.

„Nun, wie geht es?", fragte eine alte Ente, die zu Besuch gekommen war.

„Es dauert so lange mit dem einen Ei!", sagte die Ente, die saß. „Es will noch kein Loch kommen. Aber die andern sollst du sehen, es sind die niedlichsten Entlein, die mir je untergekommen sind. Sie gleichen allesamt ihrem Vater, dem Bösewicht. Er kommt nicht, mich zu besuchen."

„Zeig mir das Ei, das nicht aufplatzen will!", erwiderte die Alte. „Du

kannst mir glauben, es ist ein Putenei! Ich bin auch einmal so angeführt worden und hatte meine Not und Sorge mit den Jungen, denn ihnen ist bange vor dem Wasser, kann ich dir sagen! Ich konnte sie nicht hineinbekommen; ich rappte und schnappte, aber es half nichts. Lass mich das Ei sehen! Ja, das ist ein Putenei! Lass es liegen und lehre die andern Kinder schwimmen."

„Ich will doch noch ein bisschen darauf sitzen", sagte die Ente. „Habe ich nun so lange gesessen, so kann ich auch noch länger ausharren."

„Wie du möchtest", sagte die alte Ente und ging von dannen.

Endlich platzte das große Ei auf. „Piep! Piep!", sagte das Junge und kroch heraus. Es war so groß und hässlich!

„Es ist ein gewaltig großes Entlein", sagte die Mutter, „keins von den andern sieht so aus. Es wird doch wohl kein Putenküken sein? Na, dahinter werden wir bald kommen! Ins Wasser muss es und wenn ich es selbst hineinstoßen soll."

Am nächsten Tage war schönes, herrliches Wetter. Die Sonne schien auf alle grünen Kletten und die Entenmutter ging mit ihrer Familie zum Kanal hinunter. Platsch! Da sprang sie in das Wasser. „Rapp! Rapp!", sagte sie und ein Entlein nach dem andern plumpste hinterher. Das Wasser schlug über ihren Köpfen zusammen, aber sie kamen gleich wieder hervor und schwammen prächtig. Alle waren sie im Wasser, selbst das hässliche graue Junge schwamm mit.

„Nein, es ist kein Puter", sagte die Mutter. „Sieh, wie geschickt es die Beine gebraucht, wie gerade es sich hält. Es ist mein eigenes Junges! Im Grunde ist es doch ganz hübsch, wenn man es nur richtig ansieht. Rapp! Rapp! Kommt nur mit mir, ich werde euch in die große Welt führen und euch im

Entenhof präsentieren. Haltet euch immer in meiner Nähe, damit euch niemand tritt, und nehmt euch vor der Katze in Acht!"

Und so kamen sie in den Entenhof hinein. Drinnen war ein schrecklicher Lärm, denn da waren zwei Familien, die sich um einen Aalkopf schlugen, und dann bekam ihn doch die Katze.

„Seht, so geht es in der Welt zu!", sagte die Entenmutter und leckte sich den Schnabel, denn auch sie wollte den Aalkopf haben.

„Gebraucht nun die Beine!", sagte sie. „Seht, dass ihr euch rappeln könnt und neigt euern Hals vor der alten Ente dort! Sie ist die vornehmste von allen hier. Sie ist aus spanischem Geblüt, darum ist sie so dick, und seht ihr, sie hat einen roten Lappen um das Bein. Das ist etwas außerordentlich Schönes und die größte Auszeichnung, die eine Ente bekommen kann. Das bedeutet, dass man sie nicht verlieren will und dass sie von Tier und Mensch erkannt werden soll! – Rappelt euch! Setzt die Füße nicht einwärts! Ein wohlerzogenes Entlein setzt die Füße weit auseinander, gerade wie Vater und Mutter, seht, so! Nun neigt euern Hals und sagt: ‚Rapp!'"

Und das taten sie. Aber die andern Enten ringsumher sahen sie an und sagten ganz laut: „Sieh da! Nun sollen wir auch noch diesen Anhang bekommen. Als ob wir nicht schon so genug wären! Und pfui! Wie das eine Entlein aussieht! Das wollen wir nicht dulden!"

Und sogleich flog eine Ente hin und biss es in den Nacken.

„Lass es in Ruhe!", sagte die Mutter. „Es tut doch niemandem etwas."

„Ja, aber es ist zu groß und ungewöhnlich", sagte die beißende Ente, „und darum muss es gepufft werden."

„Es sind hübsche Kinder, die Sie da hat", sagte die alte Ente mit dem Lappen um das Bein, „allesamt schön bis auf das eine, das ist nicht geglückt. Ich wünschte, dass Sie es umarbeiten könnte."

„Das geht nicht, Ihro Gnaden", sagte die Entenmutter. „Es ist nicht hübsch, aber im Herzen ist es gut und es schwimmt so herrlich wie keins von den anderen, ja, ich darf sagen, sogar noch etwas besser. Ich denke, es wird hübsch heranwachsen oder mit der Zeit etwas kleiner werden. Es hat zu lange im Ei gelegen und darum nicht die rechte Gestalt bekommen!" Und so zupfte sie es im Nacken und glättete das Gefieder. „Es ist überdies ein Enterich", sagte sie, „und darum macht es nicht so viel aus. Ich denke, er bekommt gute Kräfte, er schlägt sich schon durch."

„Die anderen Entlein sind niedlich", sagte die Alte. „Fühlt euch nun, als ob ihr zu Hause wäret, und findet ihr einen Aalkopf, so könnt ihr ihn mir bringen."

Und so fühlten sie sich wie zu Hause.

Aber das arme Entlein, das zuletzt aus dem Ei gekrochen war und so hässlich aussah, wurde von den Enten und den Hühnern gebissen, gepufft und zum Besten gehabt.

„Es ist zu groß!", sagten alle. Der Truthahn, der mit Sporen zur Welt gekommen war und darum glaubte, dass er Kaiser sei, plusterte sich auf wie ein Schiff mit vollen Segeln, ging gerade auf das Entlein los und dann kollerte er und wurde ganz rot am Kopf. Das arme Entlein wusste weder wo es stehen noch gehen sollte. Es war betrübt, weil es so hässlich aussah und vom ganzen Entenhof verspottet wurde.

So ging es den ersten Tag und später wurde es immer schlimmer. Das arme Entlein wurde von allen gejagt, selbst seine Geschwister waren böse zu ihm und sagten immer: „Wenn die Katze dich nur fangen würde, du hässliches Stück!"

Die Mutter sagte: „Wenn du nur weit fort wärst!" Und die Enten bissen es, und die Hühner schlugen es, und das Mädchen, das die Tiere füttern sollte, trat es mit den Füßen.

Da lief das Entlein und flog über den Zaun. Die kleinen Vögel in den Büschen flatterten erschrocken auf.

„Das geschieht, weil ich so hässlich bin", dachte das Entlein und schloss die Augen, lief aber trotzdem weiter. So kam es hinaus in das große Moor, wo die Wildenten wohnten. Erschöpft und kummervoll lag es hier die ganze Nacht.

Am Morgen flogen die Wildenten auf und sahen sich den neuen Kameraden an. „Was bist du für einer?", fragten sie. Das Entlein drehte sich nach allen Seiten und grüßte, so gut es konnte.

„Du bist außerordentlich hässlich!", sagten die Wildenten. „Aber das kann uns gleich sein, solange du nur nicht in unsre Familie einheiratest."

Das Arme! Es dachte wahrlich nicht daran, sich zu verheiraten, wenn es nur die Erlaubnis bekommen konnte, im Schilf zu liegen und etwas Moorwasser zu trinken.

So lag es zwei ganze Tage, als zwei Wildgänseriche dorthin kamen. Sie waren selbst erst kürzlich aus dem Ei gekrochen und darum waren sie auch so keck.

„Hör mal, Kamerad!", sagten sie. „Du bist so hässlich, dass wir dich gut leiden können! Willst du mitziehen und Zugvogel werden? Hier nahebei in einem andern Moor gibt es süße, liebliche Wildgänse, allesamt Fräulein, die ‚Rapp!' sagen. Da könntest du dein Glück machen, so hässlich du auch bist!"

„Piff! Paff!", ertönte es da und beide Wildgänseriche fielen tot in das Schilf nieder und das Wasser wurde blutrot. „Piff! Paff!", ertönte es wieder und ganze Scharen Wildgänse flogen aus dem Schilf auf und dann knallte es noch einmal. Es war große Jagd. Die Jäger lagen rings um das Moor, ja, einige saßen oben in den Baumzweigen. Der blaue Dampf zog wie Wolken zwischen die Bäume und hing weit über das Wasser hinaus. In den Sumpf kamen die Jagdhunde, platsch, platsch! Schilf und Rohr neigten sich nach allen Seiten. Das war ein Schreck für das arme Entlein! Es drehte den Kopf, um ihn unter den Flügel zu stecken, aber im selben Augenblick stand ein furchtbar großer Hund dicht vor ihm. Die Zunge hing ihm aus dem Maul und die Augen leuchteten grässlich. Er streckte seinen Rachen dem Entlein entgegen, zeigte ihm die scharfen Zähne und – platsch, platsch! – ging er wieder, ohne es zu packen.

„Oh, Gott sei Dank!", seufzte das Entlein. „Ich bin so hässlich, dass mich selbst der Hund nicht beißen mag!"
Und so lag es ganz still, während die Schrotkörner durch das Schilf sausten und Schuss auf Schuss knallte.
Erst spät am Tage wurde es still, aber das arme Junge wagte noch nicht, sich zu erheben. Es wartete noch mehrere Stunden, bevor es sich umsah, und dann eilte es fort aus dem Moor, so schnell es konnte. Es lief über Feld und

Wiese. Da tobte ein solcher Sturm, dass es ihm schwer wurde, von der Stelle zu kommen.

Gegen Abend erreichte es ein ärmliches kleines Bauernhaus. Das war so jämmerlich, dass es selbst nicht wusste, nach welcher Seite es fallen sollte, und darum blieb es stehen. Der Sturm umsauste das Entlein, sodass es sich auf den Schwanz setzen musste, um nicht umzufallen, und es wurde schlimmer und schlimmer. Da merkte es, dass die Tür aus der einen Angel gegangen war und so schief hing, dass es durch die Spalte in die Stube hineinschlüpfen konnte, und das tat das Entlein.

Hier wohnte eine alte Frau mit ihrem Kater und ihrer Henne. Der Kater, den sie Söhnchen nannte, konnte einen Buckel machen und schnurren. Er sprühte sogar Funken, aber dann musste man ihn gegen die Haare streichen. Die Henne hatte kleine kurze Beine, und darum wurde sie Küchelchen-Kurzbein genannt. Sie legte gut Eier und die Frau liebte sie wie ihr eigenes Kind.

Am Morgen bemerkte man sogleich das fremde Entlein. Der Kater begann zu schnurren und die Henne zu gackern.

„Was ist das?", fragte die Frau und sah sich um. Aber sie sah nicht gut und so glaubte sie, dass das Entlein eine fette Ente wäre, die sich verirrt hätte. „Das ist ja ein seltener Fang!", sagte sie. „Nun kann ich Enteneier bekommen. Wenn es nur kein Enterich ist! Das müssen wir erproben."
So wurde das Entlein für drei Wochen zur Probe angenommen, aber es kam kein Ei.

Der Kater war Herr im Hause und die Henne war die Dame, und immer sagten sie: „Wir und die Welt!" Denn sie glaubten, dass sie die Hälfte davon wären, und zwar der bessere Teil. Das Entlein glaubte, dass man auch eine andere Meinung haben könnte, aber das ließ die Henne nicht gelten.

„Kannst du Eier legen?", fragte sie.

„Nein!"

„Dann halt deinen Mund!"

Und der Kater sagte: „Kannst du einen krummen Buckel machen, schnurren und Funken sprühen?"

„Nein!"

„So darfst du auch keine Meinung haben, wenn vernünftige Leute sprechen!"

Das Entlein saß abseits und war schlechter Laune. Da dachte es an frische Luft und Sonnenschein. Es bekam eine seltsame Lust, auf dem Wasser zu schwimmen, dass es zuletzt nicht anders konnte, als es der Henne zu sagen.

„Was fehlt dir denn?", fragte die. „Du hast nichts zu tun, darum kommst du auf dumme Gedanken! Lege Eier oder schnurre, so gehen sie vorüber."

„Aber es ist so herrlich, auf dem Wasser zu schwimmen!", sagte das Entlein.

„So herrlich, es über dem Kopf zusammenschlagen zu lassen und auf den Grund niederzutauchen!"

„Na, das ist ein schönes Vergnügen!", sagte die Henne. „Du bist wohl verrückt geworden! Frag den Kater – er ist das klügste Geschöpf, das ich kenne –, ob er es liebt, auf dem Wasser zu schwimmen oder unterzutauchen? Von mir will ich nicht sprechen. Frag selbst unsere Herrschaft, die alte Frau. Klüger als sie ist niemand auf der Welt! Glaubst du, dass die Lust hat, zu schwimmen und das Wasser über dem Kopf zusammenschlagen zu lassen?"

„Ihr versteht mich nicht!", sagte das Entlein.

„Wir verstehen dich nicht? Wer soll dich dann verstehen können? Du wirst doch wohl nicht klüger sein wollen als der Kater und die Frau, von mir will ich nicht reden! Hab dich nicht so und danke deinem Schöpfer für all das Gute, das man dir getan hat! Bist du nicht in eine warme Stube gekommen und hast Gesellschaft, von der du etwas lernen kannst? Aber du bist ein Schwätzer, und es ist nicht erfreulich, mit dir umzugehen! Mir kannst du glauben. Ich meine es gut mit dir. Ich sage dir Unannehmlichkeiten und daran kann man seine wahren Freunde erkennen. Sieh nur zu, dass du Eier legst oder schnurren und Funken sprühen lernst!"

„Ich glaube, ich gehe hinaus in die weite Welt!", sagte das Entlein.

„Ja, tu das!", sagte die Henne.

Und das Entlein ging. Es schwamm auf dem Wasser, es tauchte unter, aber von allen Tieren wurde es wegen seiner Hässlichkeit übersehen.

Nun kam der Herbst. Die Blätter im Wald wurden gelb und braun. Der Wind erfasste sie, sodass sie umhertanzten, und oben in der Luft war es sehr kalt. Die Wolken hingen schwer von Hagel und Schneeflocken, und auf dem Zaun stand der Rabe und schrie: „Au! Au!", vor lauter Kälte. Ja, man konnte ordentlich frieren, wenn man nur daran dachte. Das arme Entlein hatte es wahrlich nicht gut!

Eines Abends – die Sonne ging so wunderbar unter – kam ein Schwarm herrlicher großer Vögel aus dem Busch. Das Entlein hatte niemals so schöne gesehen. Leuchtend weiß waren sie, mit langen geschmeidigen Hälsen. Es waren Schwäne. Sie stießen einen wunderlichen Ton aus, breiteten ihre prächtigen langen Flügel aus und flogen von der kalten Gegend fort nach wärmeren Ländern! Sie stiegen hoch, so hoch, und dem hässlichen jungen Entlein wurde seltsam zumute. Es drehte sich im Wasser wie ein Rad rundherum, reckte den Hals hoch in die Luft nach ihnen und stieß einen so lauten und wunderlichen Schrei aus, dass es sich selbst davor fürchtete. Oh, es konnte die schönen, glücklichen Vögel nicht vergessen. Es wusste nicht, wie die Vögel hießen, auch nicht, wohin sie flogen, aber doch gefielen sie ihm, wie nie jemand zuvor. Es beneidete sie durchaus nicht. Wie soll es ihm einfallen, sich solche Herrlichkeit zu wünschen? Es wäre schon froh gewesen, wenn die Enten es nur unter sich geduldet hätten – das arme hässliche Tier!

Der Winter wurde kalt, so kalt! Das Entlein musste im Wasser herumschwimmen, um zu verhindern, dass es ganz zufror, aber in jeder Nacht wurde das Loch, worin es schwamm, kleiner und kleiner. Es fror so stark, dass es in der Eisdecke knackte. Zuletzt wurde das Entlein matt, lag ganz still und fror im Eis fest.

Früh am Morgen kam ein Bauer. Als er das Entlein sah, ging er hin, schlug mit seinem Holzschuh das Eis in Stücke und trug es heim zu seiner Frau. Da lebte es wieder auf.

Die Kinder wollten mit ihm spielen. Aber das Entlein glaubte, sie wollten ihm etwas zuleide tun, und fuhr in der Angst gerade in den Milchtopf hinein, sodass die Milch in die Stube spritzte. Die Frau schlug die Hände zusammen, worauf das Entlein in das Butterfass, dann hinunter in die Mehltonne und wieder heraus flog.

Wie sah es da aus! Die Frau schrie und schlug mit der Feuerzange nach ihm. Die Kinder rannten einander über den Haufen, um das Entlein zu fangen, sie lachten und schrien!

Gut war es, dass die Tür aufstand und das Entlein zwischen die Büsche in den frisch gefallenen Schnee schlüpfen konnte. Da lag es ganz erschöpft. Aber es würde gar zu betrüblich sein, all die Not und das Elend zu erzählen, die das Entlein in dem harten Winter erdulden musste. Es lag im Moor zwischen dem Röhricht, als die Sonne wieder warm zu scheinen begann. Die Lerchen sangen. Es war herrlicher Frühling.

Da konnte auf einmal das Entlein seine Flügel erheben. Sie brausten stärker als früher und trugen es kräftig davon, und ehe es recht wusste, befand es sich in einem großen Garten, wo die Apfelbäume in Blüte standen, wo der Flieder duftete und seine langen grünen Zweige zu den sich windenden Kanälen hinunterneigte.

Oh, hier war es schön, so frühlingsfrisch! Vorn aus dem Dickicht kamen drei herrliche weiße Schwäne. Sie rauschten mit den Federn und schwammen so leicht auf dem Wasser. Das Entlein erkannte die prächtigen Tiere und wurde von einer seltsamen Traurigkeit befallen.

„Ich will zu den königlichen Vögeln fliegen! Sie werden mich totschlagen, weil ich, so hässlich wie ich bin, mich ihnen zu nähern wage. Aber das ist einerlei! Besser von ihnen getötet, als von den Enten gezwackt, von den Hühnern geschlagen, von dem Mädchen, das den Hühnerhof hütet, getreten zu werden und im Winter Qual zu leiden!" Also flog es hinaus in das Wasser und schwamm den prächtigen Schwänen entgegen. Die sahen es und schossen mit rauschenden Federn heran.

„Tötet mich nur!", sagte das arme Tier, neigte seinen Kopf der Wasserfläche zu und erwartete den Tod – aber was sah es in dem klaren Wasser? Es sah sein eigenes Bild. Aber das war kein plumper schwarzgrauer Vogel mehr, hässlich und garstig, sondern es war selbst ein Schwan.

Es schadet nichts, in einem Entenhof geboren zu sein, wenn man nur in einem Schwanenei gelegen hat!

Es war ordentlich froh über all die Not und Widerwärtigkeit, die es ausgestanden hatte. Nun erkannte es erst recht sein Glück. Die großen Schwäne schwammen um es herum und streichelten es mit dem Schnabel. In den Garten kamen kleine Kinder, die Brot und Korn ins Wasser warfen, und das kleinste rief: „Da ist ein neuer!" Die andern Kinder jubelten mit: „Ja, es ist ein neuer angekommen!" Sie klatschten in die Hände und tanzten umher, holten Vater und Mutter, und es wurden Brot und Kuchen ins Wasser geworfen, und sie sagten alle: „Der neue ist der Schönste! So jung und so prächtig!" Auch die alten Schwäne verneigten sich vor ihm.

Da fühlte er sich so beschämt und steckte den Kopf unter die Flügel, er wusste selbst nicht warum. Er war allzu glücklich, aber gar nicht stolz, denn ein gutes Herz wird niemals stolz! Er dachte daran, wie er verfolgt und verhöhnt worden war, und hörte nun alle sagen, dass er der schönste aller schönen Vögel sei. Der Flieder bog sich mit den Zweigen zu ihm ins Wasser hinunter, und die Sonne schien so warm und so gut! Da rauschten seine Federn, der schlanke Hals hob sich und aus vollem Herzen jubelte er: „So viel Glück habe ich nicht erträumt, als ich noch das hässliche Entlein war!"

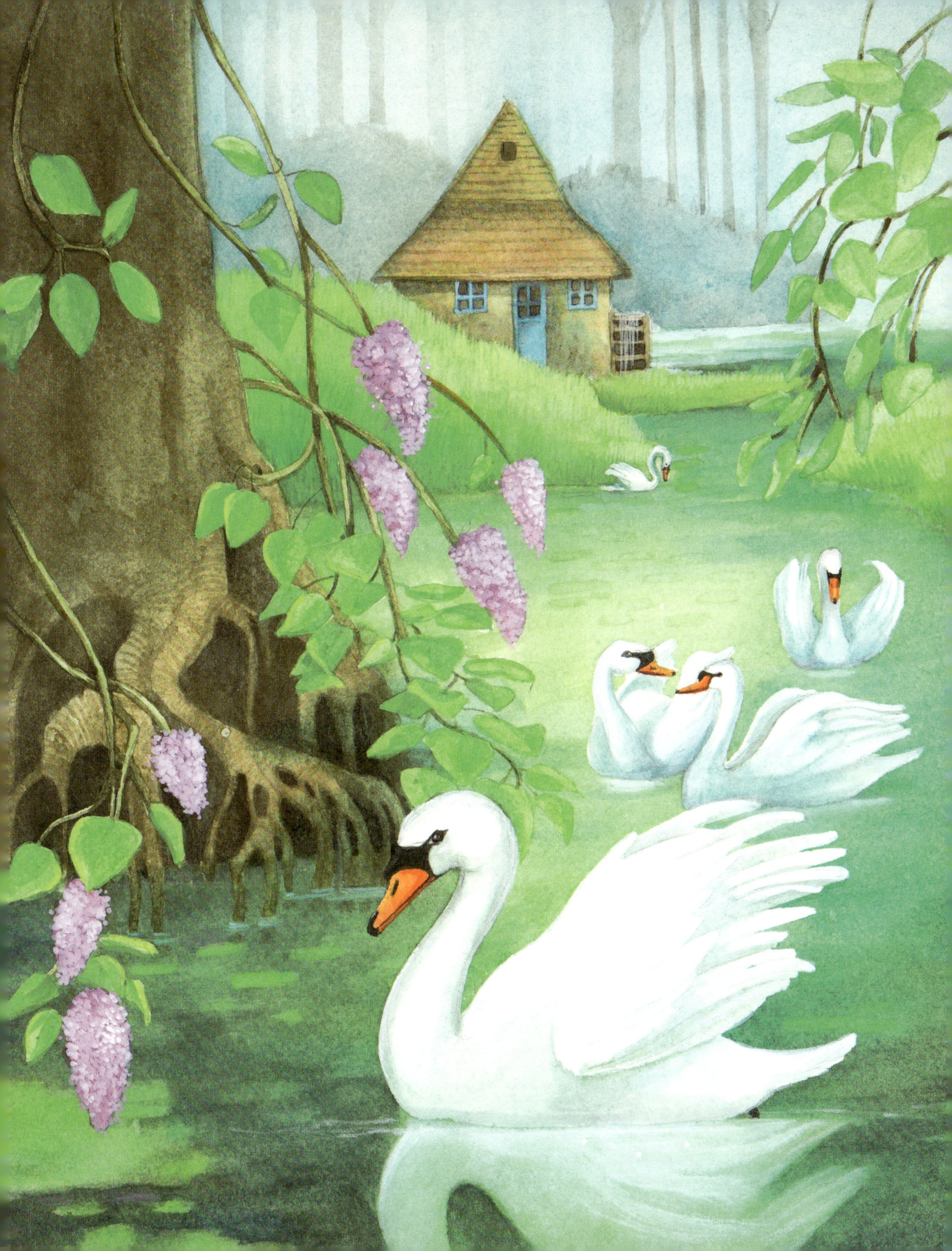

Des Kaisers neue Kleider

Vor vielen Jahren lebte ein Kaiser, der so ungeheuer viel Wert auf hübsche Kleider legte, dass er all sein Geld dafür ausgab, um recht herausgeputzt zu sein. Er kümmerte sich nicht um seine Soldaten, kümmerte sich nicht um das Theater und liebte es nicht, in den Wald zu fahren, außer um seine neuen Kleider zu zeigen. Er hatte einen Rock für jede Stunde des Tages, und wie man sonst von einem König sagt, er ist im Rat, sagte man hier immer: „Der Kaiser ist in der Kleiderkammer!"

In der großen Stadt, in der er wohnte, ging es sehr munter zu. Jeden Tag kamen viele Fremde und eines Tages kamen auch zwei Betrüger. Sie gaben sich für Weber aus und sagten, dass sie den schönsten Stoff, den man sich denken könne, zu weben verständen. Nicht allein Farben und Muster seien ungewöhnlich schön, sondern die Kleider, die aus dem Stoff genäht würden, besäßen außerdem die wunderbare Eigenschaft, dass sie für jeden Menschen unsichtbar seien, der nicht für sein Amt tauge oder unverzeihlich dumm sei.

„Das wären ja prächtige Kleider", dachte der Kaiser. „Wenn ich die anhätte, könnte ich ja dahinterkommen, welche Männer in meinem Reich nicht für ihr Amt taugen. Ich könnte die Klugen von den Dummen unterscheiden! Ja, der Stoff muss sogleich für mich gewebt werden!" Und er gab den beiden Betrügern viel Geld, damit sie ihre Arbeit begannen.

Die Betrüger stellten zwei Webstühle auf und taten, als ob sie arbeiteten, dabei hatten sie nicht das Geringste auf dem Stuhl. Frischweg verlangten sie die feinste Seide und das prächtigste Gold. Das steckten sie in ihre eigene Tasche und arbeiteten an den leeren Stühlen bis spät in die Nacht hinein.

„Nun möchte ich doch gerne wissen, wie weit sie mit dem Stoff sind!", dachte der Kaiser. Es war ihm ordentlich beklommen zumute bei dem Gedanken, dass derjenige, der dumm war oder schlecht zu seinem Amt passte, das Gewebte nicht sehen konnte. Nun glaubte er zwar, dass er für sich selbst nichts zu befürchten hätte, aber er wollte doch erst einen andern schicken, um zu sehen, wie es damit stand.

Alle Menschen in der ganzen Stadt wussten, welche wunderbare Kraft das Gewebte haben sollte, und alle waren begierig zu sehen, wie schlecht oder dumm ihr Nachbar wäre.

„Ich will meinen alten ehrlichen Minister zu den Webern senden!", dachte der Kaiser. „Er kann am besten sehen, wie der Stoff sich ausnimmt, denn er hat Verstand, und keiner versieht sein Amt besser als er!"

Nun ging der gute alte Minister in den Saal hinein, wo die zwei Betrüger saßen und an den leeren Webstühlen arbeiteten.

„Gott behüte!", dachte der alte Minister und riss die Augen auf. „Ich kann ja nichts erblicken!" Aber das sagte er nicht.

Beide Betrüger baten ihn, doch gerne näher zu treten, und fragten, ob es nicht ein hübsches Muster und schöne Farben seien. Dabei zeigten sie auf den leeren Webstuhl und der arme alte Minister fuhr fort, die Augen aufzureißen. Aber er konnte nichts sehen, denn es war nichts da.

„Herrgott!", dachte er. „Sollte ich dumm sein? Das habe ich nie geglaubt und das darf kein Mensch wissen! Sollte ich nicht zu meinem Amt taugen? Nein, auf keinen Fall darf ich erzählen, ich könne den Stoff nicht sehen!"

„Nun, Sie sagen nichts dazu?", fragte der eine, der da webte.

„Oh, es ist hübsch! Ganz allerliebst!", antwortete der alte Minister und sah durch seine Brille. „Dieses alte Muster und diese Farben! Ja, ich werde dem Kaiser sagen, dass es mir sehr gefällt."

„Nun, das freut uns!", sagten die beiden Weber und darauf nannten sie die Farben mit Namen und erklärten das seltsame Muster.

Der alte Minister passte gut auf, damit er dasselbe sagen konnte, wenn er zum Kaiser zurückkehrte, und das tat er.

Nun verlangten die Betrüger mehr Geld, mehr Seide und mehr Gold, das sie zum Weben brauchen wollten. Sie steckten alles in ihre eigenen Taschen. Auf den Webstuhl kam kein Faden, aber sie fuhren fort, wie bisher an dem leeren Webstuhl zu arbeiten.

Der Kaiser sandte bald einen anderen ehrlichen Staatsmann hin, um zu sehen, wie es mit dem Weben voranging und ob der Stoff bald fertig wäre. Dem ging es ebenso wie dem Minister. Er schaute und schaute, weil aber außer dem leeren Webstuhl nichts da war, konnte er nichts sehen.

„Ist das nicht ein hübsches Stück Stoff?", fragten die beiden Betrüger und zeigten und erklärten das prächtige Muster, das gar nicht da war.

„Dumm bin ich nicht!", dachte der Mann. „Ist es also mein gutes Amt, zu dem ich nicht tauge? Das wäre lächerlich, aber man darf es sich nicht anmerken lassen!" Und so lobte er den Stoff, den er nicht sah, und versicherte ihnen seine Freude über die schönen Farben und das herrliche Muster.

„Ja, es ist ganz allerliebst!", sagte er zum Kaiser.

Alle Menschen in der Stadt sprachen von dem prächtigen Stoff. Nun wollte der Kaiser ihn selbst sehen, während er noch auf dem Webstuhl war. Mit einer ganzen Schar auserwählter Männer, unter ihnen auch die beiden ehrbaren Staatsmänner, die schon vorher dort gewesen waren, ging er zu den beiden listigen Betrügern, die nun aus Leibeskräften webten, aber ohne Faser oder Faden.

„Ist das nicht prächtig?", sagten die beiden alten Staatsmänner, die schon einmal da gewesen waren. „Sehen Eure Majestät, welches Muster, welche

Farben!" Und dann zeigten sie auf den leeren Webstuhl, denn sie glaubten, dass die andern den Stoff gewiss sehen könnten.

„Was!", dachte der Kaiser. „Ich sehe gar nichts! Das ist ja schrecklich! Bin ich denn dumm? Tauge ich nicht dazu, Kaiser zu sein? Das wäre das Schrecklichste, was mir geschehen könnte!"

„Oh, er ist sehr hübsch!", sagte er. „Er hat meinen allerhöchsten Beifall!" Und er nickte zufrieden und betrachtete den leeren Webstuhl, denn er wollte nicht sagen, dass er nichts sehen könne. Das ganze Gefolge, das er bei sich hatte, schaute und schaute und bekam nicht mehr heraus als alle andern. Aber sie sagten wie der Kaiser: „Oh, das ist sehr hübsch!" Und sie rieten ihm, diese neuen prächtigen Kleider das erste Mal bei der großen Prozession, die bevorstand, zu tragen.

„Herrlich, wundervoll, exzellent!", ging es von Mund zu Mund. Man war allerseits hocherfreut darüber und der Kaiser verlieh den Betrügern den Ritterorden und den Titel: Kaiserliche Hofweber.

Die ganze Nacht vor dem Morgen, an dem die Prozession stattfinden sollte, blieben die Betrüger auf und hatten über sechzehn Lichter angezündet. Die Leute konnten sehen, dass sie stark beschäftigt waren, des Kaisers neue Kleider fertig zu machen. Sie taten, als ob sie den Stoff aus dem Webstuhl nähmen, sie schnitten mit großen Scheren in die Luft, sie nähten mit Nadeln ohne Faden und sagten zuletzt: „Nun sind die Kleider fertig!"

Der Kaiser kam mit seinen vornehmsten Edelmännern selbst dahin, und beide Betrüger hoben einen Arm in die Höhe, gerade als ob sie etwas hielten, und sagten: „Seht, hier sind die Beinkleider! Hier ist der Rock! Hier der Mantel!", und so weiter. „Der Stoff ist so leicht wie Spinnweben, man sollte glauben, man habe nichts auf dem Leib. Aber das ist gerade der Vorzug dabei!"

„Ja!", sagten alle Edelmänner. Aber sie konnten nichts sehen, denn es war nichts da.

„Belieben Eure Kaiserliche Majestät jetzt Ihre Kleider allergnädigst auszuziehen", sagten die Betrüger, „so wollen wir Euch die neuen anziehen, hier vor dem großen Spiegel!"

Der Kaiser legte alle seine Kleider ab und die Betrüger taten so, als ob sie ihm jedes Stück der neuen Kleider anzögen. Sie fassten ihm um den Leib und taten, als bänden sie etwas fest, das war die Schleppe. Der Kaiser drehte und wendete sich vor dem Spiegel.

„Ei, wie gut das kleidet! Wie herrlich das sitzt!", sagten alle. „Welches Muster, welche Farben! Das ist ein kostbares Kaisergewand!"

„Draußen stehen sie mit dem Thronhimmel, der über Eurer Majestät in der Prozession getragen werden soll", meldete der Oberzeremonienmeister.

„Ja, ich bin fertig!", sagte der Kaiser. „Sitzt es nicht gut?" Und dann drehte er sich nochmals vor dem Spiegel, denn es sollte scheinen, als ob er seine schönen Kleider recht betrachtete.

Die Kammerherren, die die Schleppe tragen sollten, griffen mit den Händen nach dem Fußboden, gerade als ob sie die Schleppe aufhöben. Sie gingen und taten, als ob sie etwas in der Luft hielten. Sie wagten nicht, sich anmerken zu lassen, dass sie nichts sehen konnten.

So ging der Kaiser in der Prozession unter dem prächtigen Thronhimmel, und alle Menschen auf der Straße und in den Fenstern riefen: „Gott, wie sind des Kaisers neue Kleider unvergleichlich! Welch herrliche Schleppe hat er am Rock, wie schön das sitzt!" Keiner wollte merken lassen, dass er nichts sah, denn dann hätte er ja nicht zu seinem Amt getaugt oder wäre sehr dumm gewesen. Keine Kleider des Kaisers hatten solches Glück gemacht wie diese.

„Aber er hat ja nichts an!", sagte endlich ein kleines Kind.

„Herrgott, hört die Stimme der Unschuld!", sagte der Vater, und der eine flüsterte dem anderen zu, was das Kind gesagt hatte. „Er hat nichts an, dort ist ein kleines Kind, das sagt, er hat nichts an!"

„Aber er hat ja nichts an!", rief zuletzt das ganze Volk.

Das ergriff den Kaiser, denn es schien ihm, sie hätten recht, aber er dachte bei sich: „Nun muss ich die Prozession durchstehen."

Und so hielt er sich noch stolzer, und die Kammerherren gingen und trugen die Schleppe, die gar nicht da war.

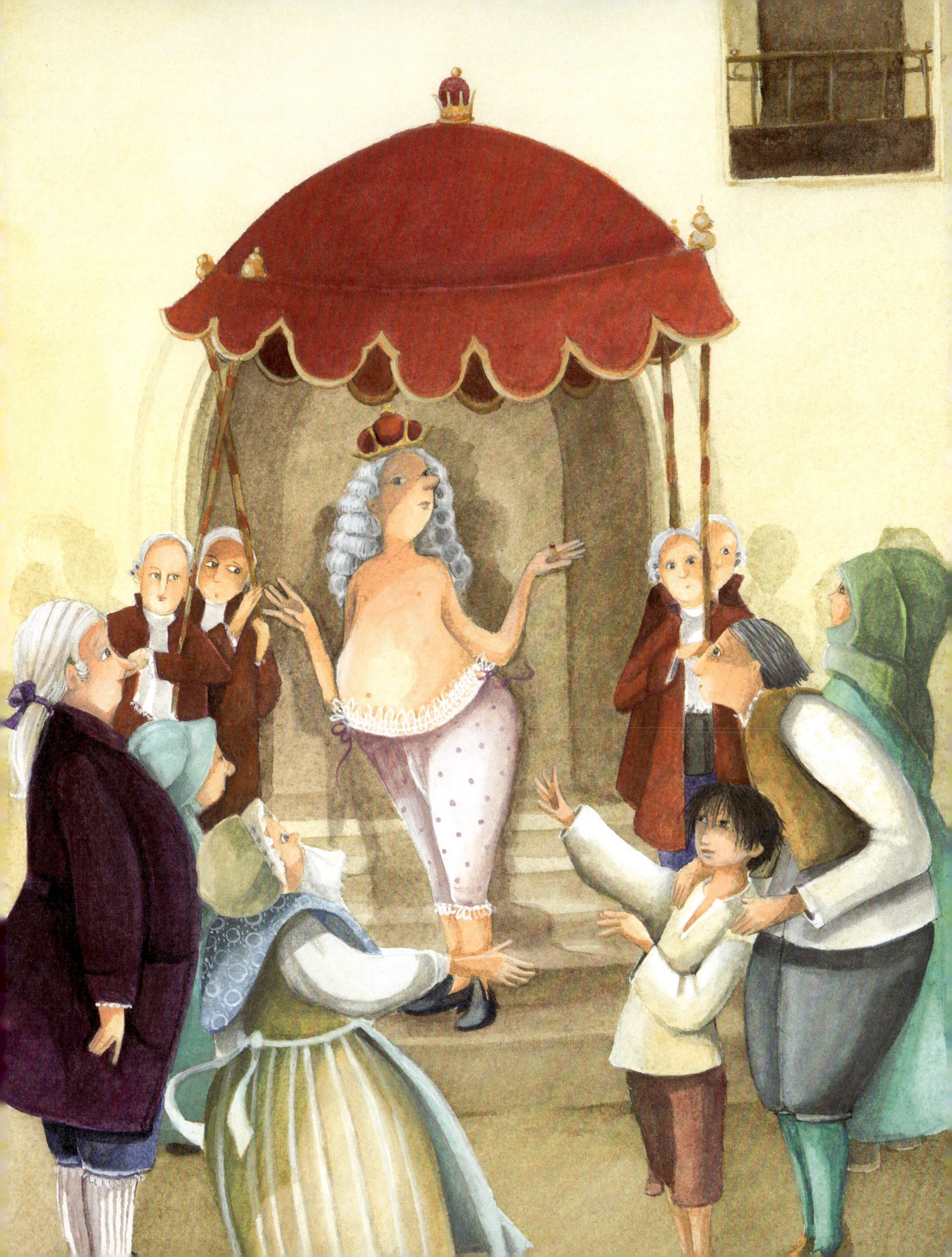

Das Mädchen mit den Schwefelhölzchen

Es war entsetzlich kalt, es schneite und begann zu dunkeln. Es war der letzte Abend des Jahres. In dieser Kälte und Dunkelheit ging ein kleines, armes Mädchen mit bloßem Kopf und nackten Füßen auf der Straße. Als es das Haus verließ, hatte es freilich Pantoffeln angehabt. Aber was half das? Es waren sehr große Pantoffeln, die seine Mutter bisher getragen hatte, so groß waren sie. Die Kleine verlor sie, als sie über die Straße huschte, weil zwei Wagen schrecklich schnell vorüberrollten. Der eine Pantoffel war nicht wiederzufinden, mit dem andern lief ein Junge fort. Er sagte, er könne ihn als Wiege gebrauchen, wenn er einmal selbst Kinder habe.

Da ging nun das kleine Mädchen auf den nackten kleinen Füßen, die rot und blau vor Kälte waren. In einer alten Schürze trug es eine Menge Schwefelhölzchen und ein Bund davon in der Hand. Niemand hatte ihm den ganzen langen Tag etwas abgekauft, niemand hatte ihm einen kleinen Schilling geschenkt. Hungrig und verfroren schlich es dahin und sah so verschüchtert aus, das arme kleine Mädchen!

Die Schneeflocken bedeckten sein langes blondes Haar, das sich so hübsch im Nacken lockte, aber daran dachte es nun freilich nicht. Aus allen Fenstern glänzten die Lichter und es roch herrlich nach Gänsebraten. Es war ja Silvesterabend und daran dachte es.

In einem Winkel zwischen zwei Häusern, von denen das eine etwas weiter in die Straße vorsprang als das andere, setzte es sich hin und kauerte sich zusammen. Die kleinen Füße hatte es an sich gezogen, aber es fror noch mehr, und nach Hause zu gehen wagte es nicht. Es hatte ja keine Schwefelhölzchen verkauft und nicht einen einzigen Schilling bekommen. Sein Vater würde es schlagen. Kalt war es zu Hause auch. Über sich hatten sie nur das Dach, durch das der Wind pfiff, wenn auch die größten Spalten mit Stroh und Lumpen zugestopft waren.

Die kleinen Hände waren beinahe vor Kälte erstarrt. Ach! Ein Schwefelhölzchen konnte ihm wohl guttun, wenn es nur ein einziges aus dem Bund herausziehen, es an die Wand streichen und sich die Finger erwärmen dürfte. Es zog eins heraus. „Ritsch!" Wie sprühte, wie brannte es! Es war eine warme helle Flamme, wie ein kleines Licht.

Ein wunderbares Licht! Es schien dem kleinen Mädchen, als säße es vor einem großen eisernen Ofen mit blanken Messingkugeln und einer Messingtrommel. Das Feuer brannte so schön und es wärmte so gut! Das kleine Mädchen streckte schon die Füße aus, um auch diese zu wärmen – da erlosch die Flamme, der Ofen verschwand, es hatte nur den kleinen Rest des abgebrannten Schwefelhölzchens in der Hand.

Ein neues wurde angestrichen. Es brannte, es leuchtete, und wo der Schein auf die Mauer fiel, wurde diese durchsichtig wie ein Schleier. Es konnte gerade in die Stube hineinsehen, wo der Tisch mit einem weißen Tischtuch und feinem Porzellan gedeckt war. Herrlich dampfte die gebratene Gans, mit Äpfeln und getrockneten Pflaumen gefüllt. Und was noch prächtiger war, die Gans sprang von der Schüssel herunter und wackelte auf dem Fußboden, Messer und Gabel im Rücken, gerade auf das arme Mädchen zu. Da erlosch das Schwefelhölzchen, und nur die dicke kalte Mauer war zu sehen.

Es zündete noch ein Hölzchen an. Da saß es nun unter dem herrlichsten Weihnachtsbaum, der noch größer und geputzter war als der, den es am Heiligabend durch die Glastür bei dem reichen Kaufmann gesehen hatte. Tausende von Lichtern brannten auf den grünen Zweigen, und bunte Bilder, wie sie an Schaufenstern zu sehen waren, sahen herab. Das kleine Mädchen streckte die Hände danach aus – da erlosch das Schwefelhölzchen.

Die Weihnachtslichter stiegen höher und höher und es sah sie jetzt als helle Sterne am Himmel. Einer von ihnen fiel herunter und bildete einen langen Feuerstreifen am Himmel.

„Jetzt stirbt jemand!", sagte das kleine Mädchen, denn die alte Großmutter, die Einzige, die gut zu ihm gewesen und nun gestorben war, hatte ihm

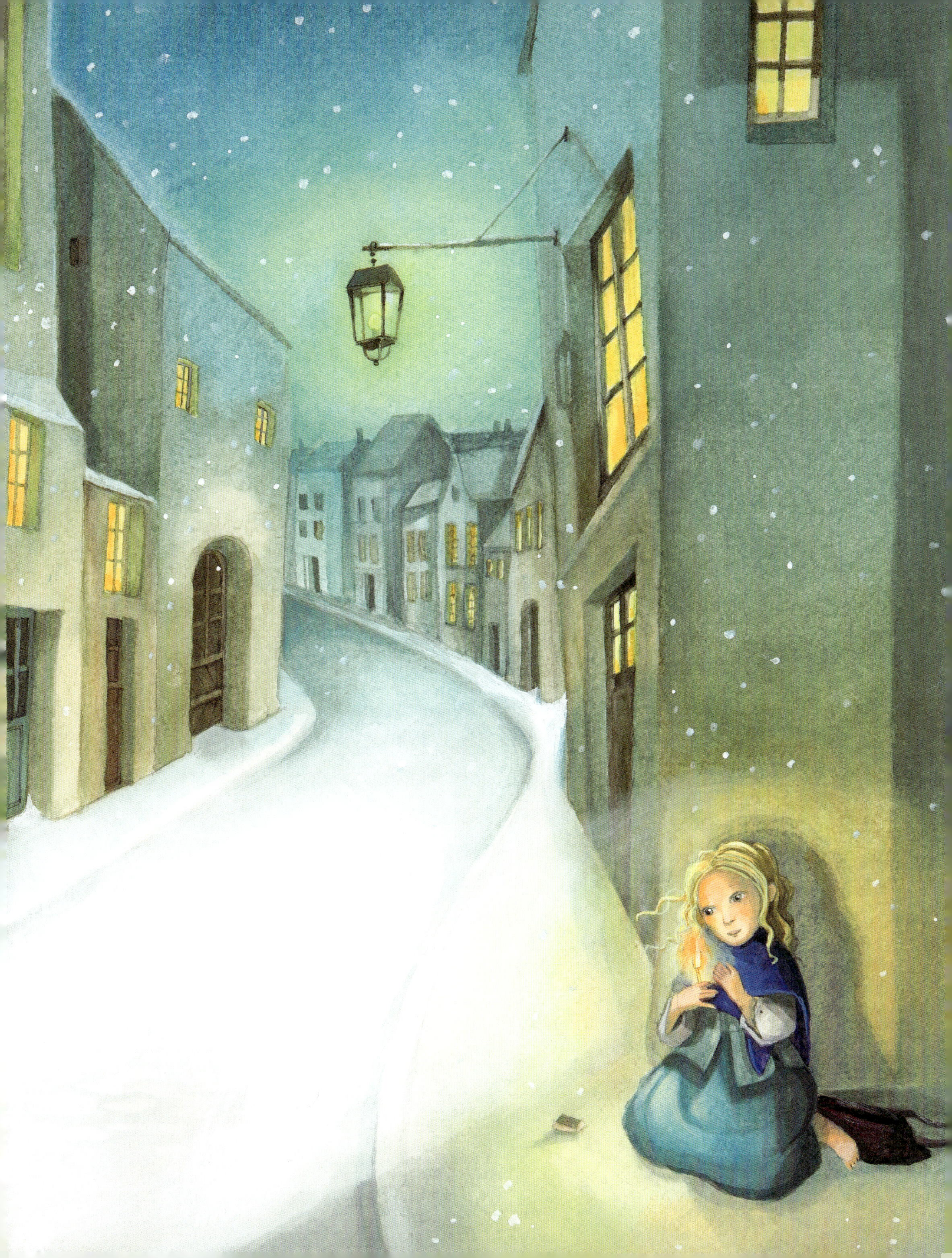

erzählt, dass, wenn ein Stern vom Himmel herunterfalle, eine Seele zu Gott emporsteige.

Nun strich es wieder ein Hölzchen an der Mauer an. Es leuchtete ringsumher, und in dem Glanz stand die alte Großmutter, so klar, so schimmernd, so mild und liebevoll.

„Großmutter!", rief die Kleine. „Oh! Nimm mich mit! Ich weiß, du bist fort, wenn das Schwefelhölzchen erlischt. Du verschwindest wie der warme Ofen, wie der herrliche Gänsebraten und der große prächtige Weihnachtsbaum!" Und es strich schnell den ganzen Rest der Schwefelhölzchen an, denn es wollte die Großmutter recht festhalten.

Und die Schwefelhölzchen leuchteten mit einem solchen Glanz, dass es heller wurde als am Tag. Großmutter war früher nie so schön, so groß gewesen. Sie nahm das kleine Mädchen auf ihre Arme, und sie flogen in Glanz und Freude so hoch, so hoch. Dort oben war weder Kälte noch Hunger, noch Angst – sie waren bei Gott.

Im Winkel des Hauses saß in der kalten Morgenstunde das kleine Mädchen mit roten Wangen und lächelndem Mund – tot, erfroren an des alten Jahres letztem Abend. Der Neujahrsmorgen ging über dem toten Kind auf, das dort mit den verbrannten Schwefelhölzchen saß.

„Es hat sich erwärmen wollen!", sagte man.

Niemand wusste, was es Schönes gesehen hatte, in welchem Glanz es mit der Großmutter zur Neujahrsfreude eingegangen war.

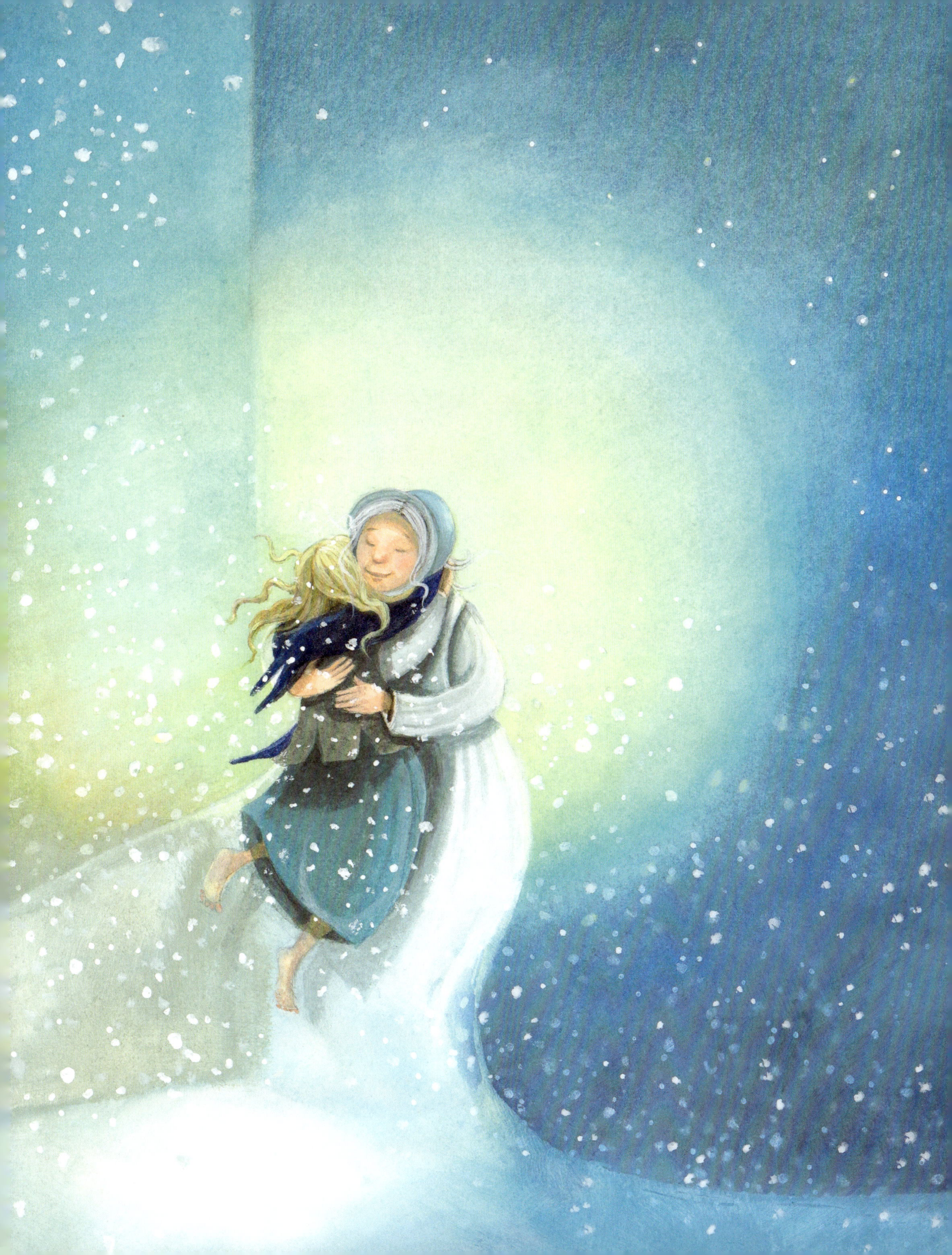

Die wilden Schwäne

Weit fort von hier, dort wo die Schwalben hinfliegen, wenn wir Winter haben, wohnte ein König, der elf Söhne und eine Tochter hatte. Die elf Brüder waren Prinzen und gingen mit dem Stern auf der Brust und dem Säbel an der Seite in die Schule. Sie schrieben mit Diamantgriffeln auf Goldtafeln und lernten ebenso gut auswendig, wie sie lasen; man konnte gleich hören, dass sie Prinzen waren. Ihre Schwester, Elisa, saß auf einem kleinen Schemel aus Spiegelglas und hatte ein Bilderbuch, das das halbe

Königreich gekostet hatte. Oh, die Kinder hatten es sehr gut, aber so sollte es nicht immer bleiben!

Ihr Vater, der König über das ganze Land war, verheiratete sich mit einer bösen Königin. Die hatte die armen Kinder gar nicht lieb. Schon am ersten Tag konnten sie es spüren. Auf dem Schloss war ein großes Fest und da spielten die Kinder. Aber während sie sonst Kuchen und gebratene Äpfel bekamen, gab die Königin ihnen bloß Sand in einer Teetasse und sagte, sie könnten so tun, als ob das etwas sei.

In der Woche darauf brachte sie die kleine Schwester Elisa aufs Land zu Bauersleuten. Und es dauerte nicht lange, da hatte sie dem König so viel Schlechtes von den armen Prinzen erzählt, dass er sich gar nicht mehr um sie kümmerte.

„Fliegt hinaus in die Welt und sorgt für euch selbst", sagte die böse Königin. „Fliegt als Vögel ohne Stimme!" Aber sie konnte es doch nicht so schlimm machen, wie sie gern wollte. Die Brüder wurden elf herrliche wilde Schwäne. Mit einem wunderlichen Schrei flogen sie aus den Schlossfenstern, weit über den Park in den Wald hinein.

Es war noch früh am Morgen, als sie dort vorbeikamen, wo ihre Schwester Elisa in der Stube des Bauern lag und schlief. Lange schwebten sie über dem Dach, drehten die langen Hälse und schlugen mit den Flügeln. Aber niemand hörte oder sah sie. Sie mussten wieder weiter, hoch zu den Wolken empor, weit hinaus in die große Welt.

Die arme kleine Elisa stand in der Stube des Bauern und spielte mit einem grünen Blatt, denn anderes Spielzeug hatte sie nicht mehr. Sie stach ein Loch in das Blatt, sah hindurch und gegen die Sonne empor. Da kam es ihr vor, als sähe sie die klaren Augen ihrer Brüder. Jedes Mal wenn die warmen Sonnenstrahlen auf ihre Wangen schienen, dachte sie an die Küsse ihrer Brüder.
Ein Tag verging ebenso wie der andere. Strich der Wind durch die Rosenhecken vor dem Haus, so flüsterte er den Rosen zu: „Wer kann schöner sein als ihr?"
Aber die Rosen schüttelten das Haupt und sagten: „Elisa ist schöner!"
Und saß die alte Frau am Sonntag vor der Tür und las in ihrem Gesangbuch, so wendete der Wind die Blätter um und sagte zu dem Buch: „Wer kann frömmer sein als du?"
„Elisa ist frömmer!", antwortete das Gesangbuch. Und es war die reine Wahrheit.

Als Elisa fünfzehn Jahre alt war, sollte sie zurück nach Hause. Kaum hatte die Königin gesehen, wie schön ihre Stieftochter war, wurde sie zornig und voller Hass. Gern hätte sie sie in einen wilden Schwan verwandelt wie die Brüder, aber das wagte sie nicht sogleich, weil ja der König seine Tochter sehen wollte.
Frühmorgens ging die Königin ins Bad, das aus Marmor erbaut und mit weichen Kissen und den schönsten Decken geschmückt war. Sie nahm

drei Kröten, küsste sie und sagte zur einen: „Setz dich auf Elisas Kopf, wenn sie in das Bad kommt, damit sie träge wird wie du!" – „Setz dich auf ihre Stirn", sagte sie zur zweiten, „damit sie hässlich wird wie du und ihr Vater sie nicht erkennt!" – „Ruhe an ihrem Herzen!", flüsterte sie der dritten zu. „Lass sie böse Gedanken bekommen, damit sie daran leidet!" Dann setzte sie die Kröten in das Wasser, das sogleich eine grünliche Farbe bekam, rief Elisa, entkleidete sie und ließ sie hineinsteigen. Als Elisa untertauchte, setzte sich die eine Kröte ihr aufs Haar, die zweite auf die Stirn und die dritte auf die Brust. Aber Elisa schien es nicht zu merken. Sobald sie sich aufrichtete, schwammen drei rote Mohnblumen auf dem Wasser. Sie war zu fromm und unschuldig, als dass ein Zauber Macht über sie haben konnte!

Als die böse Königin das sah, rieb sie Elisa mit Walnusssaft ein, sodass sie ganz schwarzbraun wurde, bestrich ihr das hübsche Gesicht mit einer stinkenden Salbe und zerzauste ihr herrliches Haar. Es war unmöglich, die schöne Elisa wiederzuerkennen.

Bei diesem Anblick erschrak der Vater sehr und meinte, es sei nicht seine Tochter. Niemand außer dem Kettenhund und den Schwalben erkannte sie; aber das waren arme Tiere, die nichts zu sagen hatten.

Da weinte die arme Elisa und dachte an ihre elf Brüder, die alle fort waren. Betrübt schlich sie sich aus dem Schloss und ging den ganzen Tag über Feld und Moor, bis in den großen Wald hinein. Sie wusste gar nicht, wohin sie wollte, aber sie fühlte sich unsagbar traurig und sehnte sich nach ihren Brüdern. Die wollte sie suchen und finden.
Nach kurzer Zeit brach die Nacht an. Elisa war vom Weg abgekommen, darum legte sie sich in das weiche Moos nieder, betete ihr Abendgebet und lehnte ihr Haupt an einen Baumstumpf. Es war ganz still, die Luft war mild, und ringsumher im Gras und im Moos leuchteten Hunderte von Glühwürmchen wie ein grünes Feuer.

Die ganze Nacht träumte sie von ihren Brüdern. Sie spielten wieder als Kinder, schrieben mit den Diamantgriffeln auf die Goldtafeln und betrachteten das herrliche Bilderbuch, das das halbe Königreich gekostet hatte.
Als Elisa erwachte, stand die Sonne schon hoch am Himmel. Sie konnte sie freilich nicht sehen, denn die Bäume breiteten ihre Zweige dicht und fest aus. Aber ein Duft kam aus dem Grün und die Vögel setzten sich fast auf ihre Schultern! Sie hörte Wasser plätschern. Das waren viele große Quellen, die in einen Weiher flossen, der den herrlichsten Sandboden hatte. Dichte Büsche wuchsen ringsumher, aber an einer Stelle hatten die Hirsche eine große Öffnung gemacht, und hier ging Elisa zum Wasser. Es war so klar und hätte der Wind nicht die Zweige und Büsche bewegt, hätte sie glauben müssen, sie wären auf den Grund gemalt, so deutlich spiegelte sich dort jedes Blatt.
Sobald Elisa ihr eigenes Gesicht erblickte, erschrak sie sehr. Braun und hässlich war es! Doch als sie ihre kleine Hand benetzte und Augen und Stirn

rieb, schimmerte die weiße Haut wieder durch. Da legte sie all ihre Kleider ab und ging in das frische Wasser hinein. Ein schöneres Königskind als sie fand sich nirgends auf dieser Welt!

Nachdem sie sich wieder angekleidet und ihr langes Haar geflochten hatte, ging sie zur sprudelnden Quelle, trank aus der hohlen Hand und wanderte tiefer in den Wald, ohne zu wissen, wohin. Sie dachte an ihre Brüder, dachte an den lieben Gott, der sie gewiss nicht verlassen würde. Er ließ die wilden Waldäpfel wachsen, um die Hungrigen zu sättigen, und zeigte ihr einen solchen Baum, dessen Zweige sich unter der Last der Früchte bogen. Hier hielt sie ihr Mittagsmahl, setzte Stützen unter die Zweige und ging in den dunkelsten Teil des Waldes hinein. Da war es so still, dass sie ihre eigenen Fußtritte hörte. Nicht ein Vogel war dort zu sehen, nicht ein Sonnenstrahl konnte durch die dichten Zweige dringen. Die hohen Stämme standen ganz nah beisammen. Oh, hier war eine Einsamkeit, die sie früher nie gekannt hatte!

Die Nacht wurde sehr dunkel, nicht ein einziger kleiner Johanniswurm leuchtete im Moos. Betrübt legte sie sich nieder, um zu schlafen. Da schien es ihr, als ob die Zweige über ihr sich zur Seite neigten und der liebe Gott mit milden Augen auf sie niedersah; und kleine Engel guckten über seinem Kopf und unter seinen Armen hervor.

Als sie am Morgen erwachte, wusste sie nicht, ob sie es geträumt hatte oder ob es wirklich so gewesen war. Sie ging ein paar Schritte weiter, da begegnete ihr eine alte Frau mit einem Korb voll Beeren.
Die Alte gab ihr einige davon. Elisa fragte, ob sie nicht elf Prinzen durch den Wald habe reiten sehen.

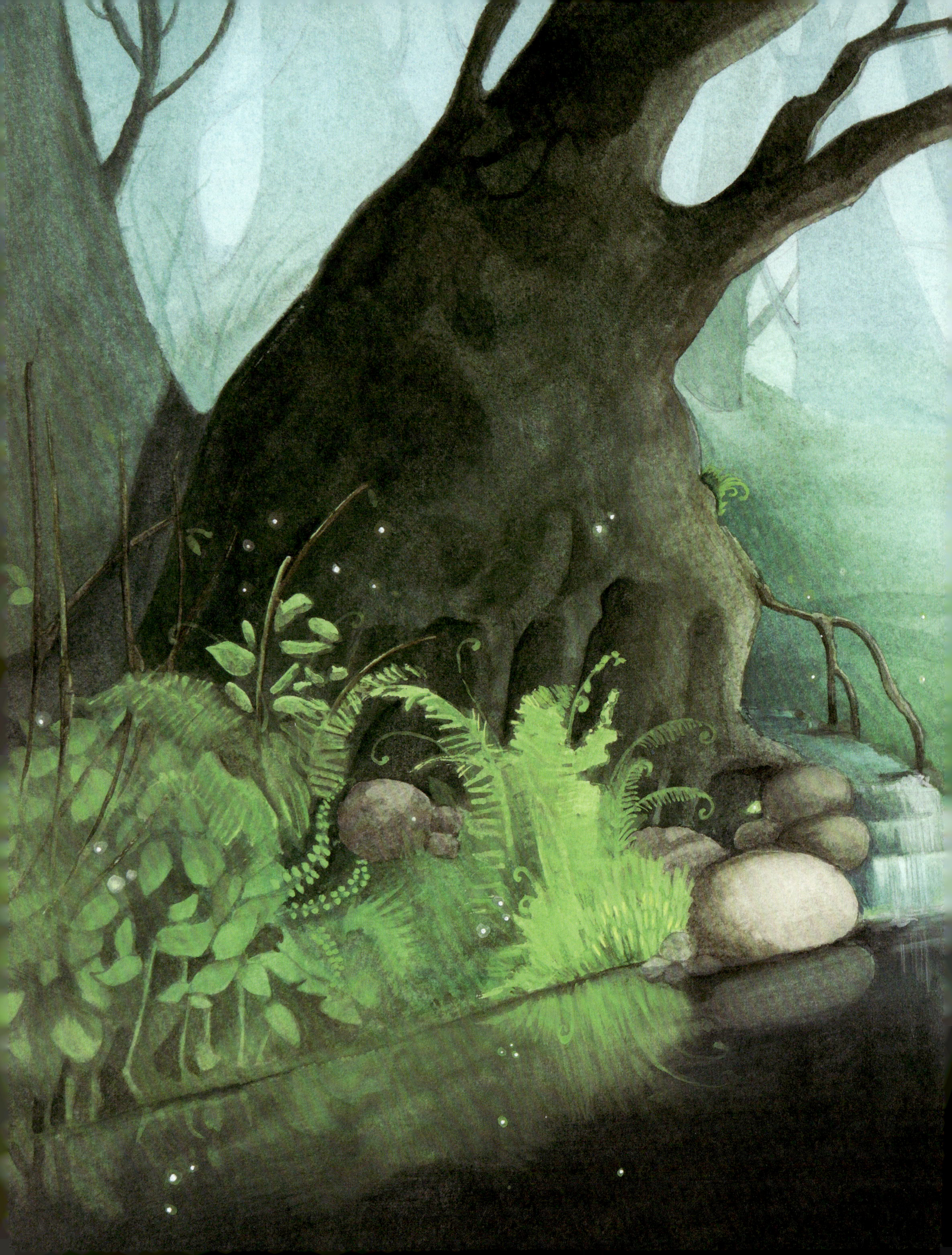

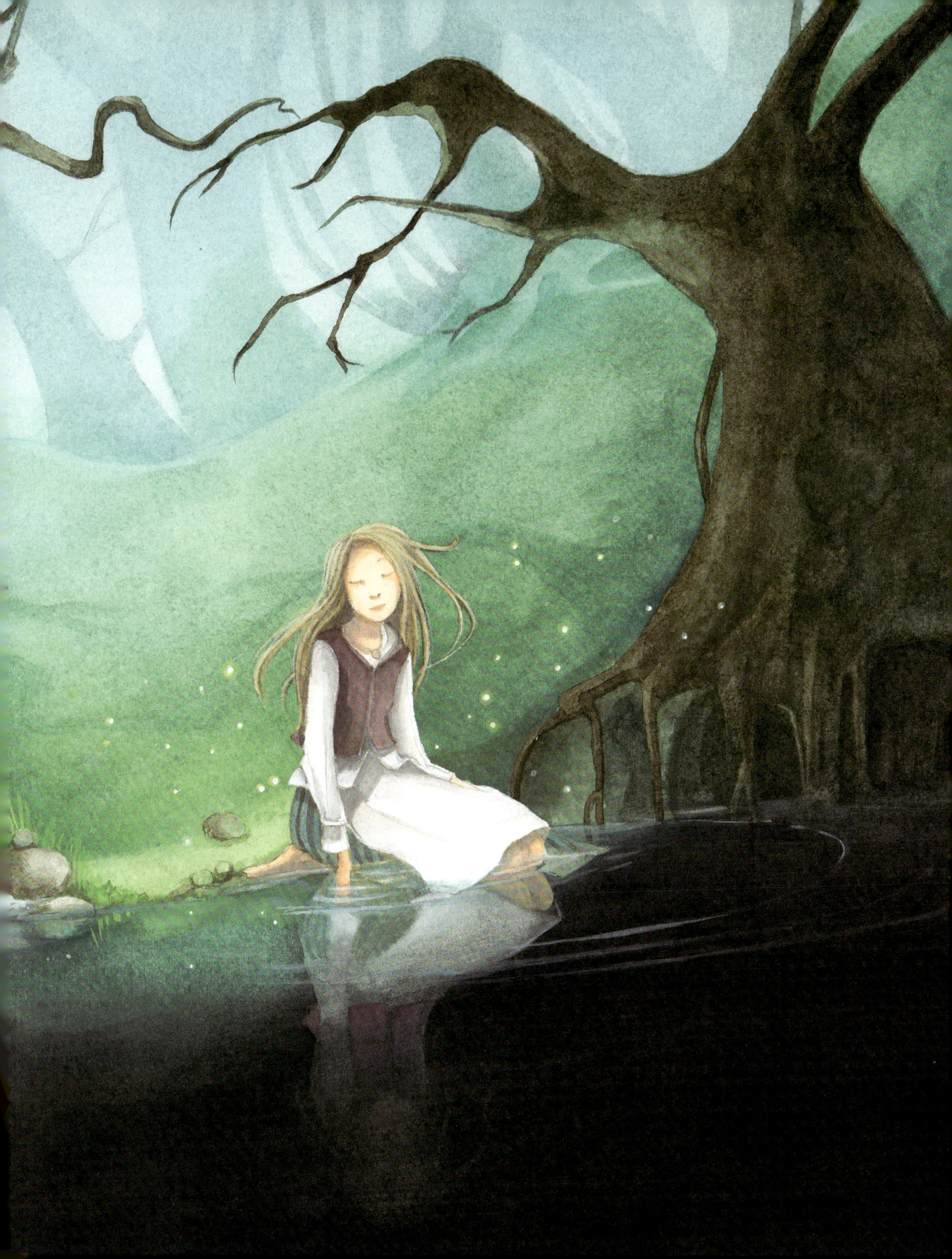

„Nein", sagte die Alte, „aber ich sah gestern elf Schwäne mit Goldkronen auf dem Kopf den Fluss hinunterschwimmen!" Und sie führte Elisa ein Stück weiter zu einem Abhang, an dessen Fuße sich ein Flüsschen dahinschlängelte.

Elisa sagte der Alten Lebewohl und ging den Fluss entlang, bis dahin, wo er sich in die große, offene See ergoss. Das ganze herrliche Meer lag vor dem jungen Mädchen, aber nicht ein Segel zeigte sich darauf, nicht ein Boot war da zu sehen. Wie sollte sie nun dort weiterkommen? Sie betrachtete die unzähligen kleinen Steine am Ufer. Das Wasser hatte sie alle rund und weich geschliffen.

„Das Wasser rollt unermüdlich fort und so ebnet sich das Harte. Ich will ebenso unermüdlich sein. Dank für eure Lehre, ihr klaren, rollenden Wogen. Einst, das sagt mir mein Herz, werdet ihr mich zu meinen lieben Brüdern tragen!"

Auf dem angespülten Seegras lagen elf Schwanenfedern. Sie sammelte sie zu einem Strauß. Einsam war es dort am Strand, doch sie fühlte es nicht, denn das Meer bot ewige Abwechslung dar. Als die Sonne untergehen wollte, sah Elisa elf wilde Schwäne mit Goldkronen auf den Köpfen auf das Land zufliegen. Sie schwebten einer hinter dem andern wie ein langes weißes Band. Da stieg Elisa den Abhang hinauf und verbarg sich hinter einem Busch. Die Schwäne ließen sich nahe bei ihr nieder und schlugen mit ihren großen weiten Schwingen.

Sowie die Sonne ins Meer sank, fielen plötzlich die Schwanengefieder, und elf schöne Prinzen, Elisas Brüder, standen da.

Elisa stieß einen lauten Schrei aus. Obwohl sie sich sehr verändert hatten, wusste sie doch, dass sie es waren, fühlte sie, dass sie es sein mussten. Und sie sprang in ihre Arme und nannte sie bei ihren Namen. Die Prinzen waren überglücklich, ihre kleine Schwester zu sehen, und erkannten sie auch, die nun groß und schön geworden war. Sie lachten und weinten, und bald hatten sie einander erzählt, wie böse ihre Stiefmutter gegen sie alle gewesen war.

„Wir Brüder", sagte der Älteste, „fliegen als wilde Schwäne, solange die Sonne am Himmel steht. Sobald sie untergegangen ist, bekommen wir unsere menschliche Gestalt wieder. Darum müssen wir immer darauf bedacht sein, bei Sonnenuntergang festen Boden unter den Füßen zu haben, denn fliegen wir dann noch in den Wolken, so müssen wir als Menschen in die Tiefe hinunterstürzen. Hier wohnen wir nicht. Es liegt ein ebenso schönes Land jenseits des Meeres. Aber der Weg dahin ist weit, wir müssen über das große Wasser, und es gibt keine Insel auf unserem Weg, wo wir übernachten könnten. Nur eine einsame Klippe ragt inmitten hervor. Sie ist so schmal, dass wir nur Seite an Seite darauf ruhen können. Ist die See stark bewegt, so spritzt das Wasser hoch über uns hinweg; aber doch danken wir Gott dafür. Dort übernachten wir in unserer Menschengestalt. Ohne die Klippe könnten wir niemals unser liebes Heimatland besuchen, denn zwei der längsten Tage des Jahres brauchen wir für unseren Flug. Nur einmal im Jahr ist es uns vergönnt, unsere Heimat zu sehen. Elf Tage dürfen wir hierbleiben, über den großen Wald fliegen, von wo wir das Schloss erblicken können, in dem wir geboren wurden und wo unser Vater wohnt, und den hohen Kirchturm, wo die Mutter begraben ist. Hier ist unser Zuhause, hierhin zieht es uns, und hier haben wir dich gefunden, du liebe kleine Schwester! Zwei Tage dürfen wir noch bleiben, dann müssen wir fort über das Meer in ein herrliches Land, das aber nicht unsere Heimat ist! Wie nehmen wir dich mit? Wir haben weder Schiff noch Boot!"

„Wie kann ich euch erlösen?", fragte die Schwester. Und sie sprachen die ganze Nacht miteinander und schlummerten nur einige Stunden.

Elisa erwachte von dem Schlag der Schwanenflügel, die über ihr brausten. Die Brüder waren wieder verwandelt und flogen große Kreise und schließlich weit fort, aber der Jüngste blieb bei ihr. Der Schwan legte den Kopf in ihren Schoß, und sie streichelte seine weißen Flügel. Den ganzen Tag waren sie beisammen. Gegen Abend kamen die andern zurück, und als die Sonne untergegangen war, hatten sie ihre natürliche Gestalt wieder.
„Morgen fliegen wir von hier fort und dürfen vor Ablauf eines ganzen Jahres nicht zurückkehren. Aber dich können wir nicht so verlassen! Hast du Mut, uns zu folgen? Mein Arm ist stark genug, dich durch den Wald zu tragen. Sollten wir da nicht alle so starke Flügel haben, um mit dir über das Meer zu fliegen?"
„Ja, nehmt mich mit!", sagte Elisa.

Die ganze Nacht brachten sie damit zu, aus der geschmeidigen Weidenrinde und dem zähen Schilf ein Netz zu flechten. Groß und fest wurde es. Elisa legte sich darauf, und als die Sonne hervortrat und die Brüder in wilde Schwäne verwandelt wurden, ergriffen sie das Netz mit ihren Schnäbeln und flogen mit ihrer lieben Schwester, die noch schlief, hoch zu den Wolken empor. Die Sonnenstrahlen fielen gerade auf ihr Gesicht, darum flog einer der Schwäne über ihrem Kopf, damit seine breiten Schwingen ihr Schatten geben konnten.
Sie waren weit vom Land entfernt, als Elisa erwachte. Sie glaubte noch zu träumen, so seltsam kam es ihr vor, hoch durch die Luft über das Meer

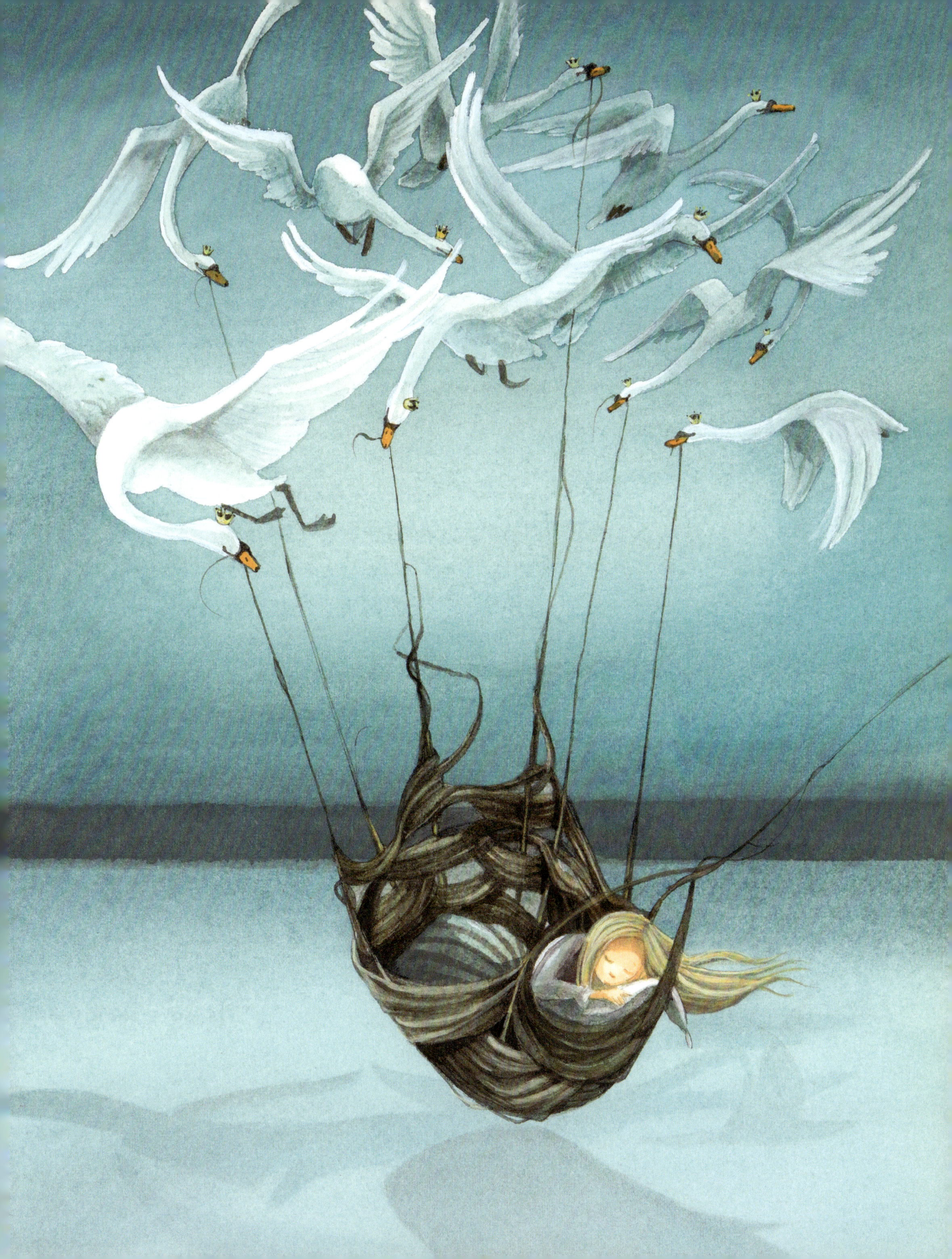

getragen zu werden. Neben ihr lag ein Zweig mit herrlichen reifen Beeren und ein Bündel wohlschmeckender Wurzeln. Die hatte der jüngste der Brüder gesammelt und ihr hingelegt. Sie lächelte ihn dankbar an, denn sie erkannte ihn. Er war es, der über ihrem Kopf flog und ihr mit seinen Schwingen Schatten gab. Sie waren so hoch, dass das erste Schiff, das sie unter sich erblickten, eine weiße Möwe zu sein schien, die auf dem Wasser lag. Eine große Wolke stand hinter ihnen, das war ein Berg, und auf diesem sah Elisa ihren eigenen Schatten und den der elf Schwäne, so riesengroß flogen sie dahin. Das war ein Bild, prächtiger, als sie es früher je gesehen hatte.

Den ganzen Tag flogen sie wie ein sausender Pfeil durch die Luft, aber es ging doch langsamer als sonst, denn jetzt hatten die Schwäne die Schwester zu tragen. Es zog ein böses Wetter herauf, der Abend brach herein, ängstlich sah Elisa die Sonne sinken, und noch war die einsame Klippe im Meer nicht zu erblicken. Es kam ihr vor, als machten die Schwäne stärkere Flügelschläge. Ach! Sie war schuld daran, dass sie nicht rasch genug vorwärtskamen. Wenn die Sonne untergegangen war, mussten sie Menschen werden, in das Meer stürzen und ertrinken.

Da betete sie aus tiefstem Herzen zum lieben Gott, aber noch sah sie die Klippe nicht. Die schwarze Wolke kam näher, die starken Windstöße verkündeten Sturm, die Wolken standen als einzige große, drohende Woge da; Blitz auf Blitz zuckte.

Nun war die Sonne gerade am Rand des Meeres. Elisas Herz bebte. Auf einmal schossen die Schwäne hinab, so schnell, dass sie zu fallen glaubte. Die Sonne war halb unter dem Wasser, da erblickte Elisa die kleine Klippe unter sich, die nicht größer aussah als ein Seehund, der den Kopf aus dem Wasser streckte. Die Sonne sank sehr schnell, nun war sie nur noch wie ein Stern. Da berührte ihr Fuß den festen Grund. Die Sonne erlosch. Arm in Arm sah sie die Brüder um sich stehen und der Platz reichte gerade so für sie alle. Die See schlug gegen die Klippe und ging wie Sprühregen über sie hin. Der Himmel leuchtete in einem stetig flammenden Feuer, und Schlag auf Schlag rollte der Donner. Aber Schwester und Brüder hielten sich an den Händen und sangen Choräle, aus denen sie Trost und Mut schöpften. In der Morgendämmerung war die Luft rein und still. Sobald die Sonne emporstieg, flogen die Schwäne mit Elisa von der Insel fort. Die Wogen gingen noch hoch. Aus der Luft betrachtet, schienen die weißen Schaumköpfe auf der schwarzgrünen See Millionen Schwäne zu sein, die auf dem Wasser schwammen.

Als die Sonne höher stieg, sah Elisa vor sich, halb in der Luft schwimmend, ein Bergland mit glänzenden Eismassen auf den Felsen. Mitten darauf erhob sich ein wohl meilenlanges Schloss, mit einem kühnen Säulengang über dem andern. Unten wogten Palmenwälder und Prachtblumen so groß wie Mühlräder. Sie fragte, ob dies das Land sei, wohin sie wollten, aber die Schwäne schüttelten den Kopf, denn das, was sie sah, war das herrliche, allzeit wechselnde Wolkenschloss der Fata Morgana. Dahinein durften sie keinen Menschen bringen. Elisa starrte es an, da stürzten Berge, Wälder und Schloss zusammen und zwanzig stolze Kirchen, alle einander gleich, mit hohen Türmen und spitzen Fenstern standen vor ihnen. Sie glaubte, die Orgel ertönen zu hören, aber es war das Meer, das sie hörte. Nun war sie den Kirchen ganz nahe, da wurden sie zu einer Flotte, die unter ihr dahinsegelte. Doch als sie hinuntersah, waren es nur Seenebel, die über das Wasser glitten. So hatte sie eine ständige Abwechslung vor Augen, bis sie das wirkliche Land erblickte, wohin sie wollten. Dort erhoben sich herrliche blaue Berge mit Zedernwäldern, Städten und Schlössern. Lange bevor die Sonne unterging, saß sie auf dem Felsen vor einer großen Höhle, die mit feinen grünen Schlingpflanzen bewachsen war. Es sah aus, als wären es gestickte Teppiche.

„Nun wollen wir sehen, was du diese Nacht hier träumst", sagte der jüngste Bruder und zeigte ihr ihre Schlafkammer.

„Würde ich doch träumen, wie ich euch erlösen kann!", sagte sie. Und dieser Gedanke beschäftigte sie lebhaft. Sie betete innig zu Gott und bat um seine Hilfe, ja, selbst im Schlaf betete sie noch. Da kam es ihr vor, als ob sie hoch durch die Luft flöge zum Wolkenschloss der Fata Morgana. Die Fee kam ihr entgegen, schön und glänzend, und doch glich sie der alten

Frau, die ihr Beeren im Wald gegeben und ihr von den Schwänen mit den Goldkronen erzählt hatte.

„Deine Brüder können erlöst werden", sagte sie, „aber hast du Mut und Ausdauer? Wohl ist das Wasser weicher als deine feinen Hände, und doch formt es die harten Steine um. Aber es fühlt nicht die Schmerzen, die deine Finger fühlen werden. Es hat kein Herz, leidet nicht Angst und Qual, die du aushalten musst. Siehst du die Brennnessel, die ich in meiner Hand halte? Von ihnen wachsen viele rings um die Höhle, wo du schläfst. Nur die dort und jene, die auf den Gräbern des Kirchhofs wachsen, sind tauglich, denke daran. Die musst du pflücken, obwohl sie deine Hand voll Blasen brennen werden. Brichst du diese Nesseln mit deinen Füßen, so erhältst du Flachs. Aus diesem musst du elf Panzerhemden mit langen Ärmeln flechten und binden. Wirfst du sie über die elf Schwäne, so ist der Zauber gelöst. Aber bedenke wohl, dass du von dem Augenblick an, wo du die Arbeit beginnst, bis sie vollendet ist, nicht sprechen darfst, selbst wenn Jahre vergehen. Das erste Wort, das du sprichst, geht als tödlicher Dolch in die Herzen deiner Brüder! An deiner Zunge hängt ihr Leben. Merke dir das alles gut!"

Gleichzeitig berührte sie ihre Hand mit der Nessel. Es war wie brennendes Feuer, von dem Elisa erwachte. Es war heller Tag und dicht neben ihr, wo sie geschlafen hatte, lag eine Nessel gleich der, die sie im Traum gesehen hatte. Da fiel sie auf die Knie, dankte und ging aus der Höhle hinaus, um ihre Arbeit zu beginnen.

Mit ihren feinen Händen griff sie in die hässlichen Nesseln. Die waren wie Feuer, sie brannten große Blasen in ihre Hände und Arme, aber gern wollte sie es ertragen, wenn sie nur die lieben Brüder erlösen konnte. Sie brach jede Nessel mit ihren bloßen Füßen und flocht den grünen Flachs.

Nach Sonnenuntergang kamen die Brüder und erschraken, sie so stumm zu finden. Sie glaubten, es wäre ein neuer Zauber der bösen Stiefmutter. Aber als sie ihre Hände sahen, begriffen sie, was sie ihretwegen tat, und der jüngste Bruder weinte, und wohin seine Tränen fielen, fühlte sie keine Schmerzen, verschwanden die brennenden Blasen.

Die Nacht brachte sie mit ihrer Arbeit zu, denn sie hatte keine Ruhe, bevor sie die lieben Brüder erlöst hatte. Den ganzen folgenden Tag, während die Schwäne fort waren, saß sie in ihrer Einsamkeit, doch niemals war die Zeit so schnell verflogen. Ein Panzerhemd war schon fertig, nun fing sie das nächste an.

Da ertönte ein Jagdhorn zwischen den Bergen. Elisa wurde von Furcht ergriffen. Der Ton kam näher, sie hörte Hunde bellen. Erschrocken floh sie in die Höhle, band die Nesseln, die sie gesammelt hatte, zu einem Bündel zusammen und setzte sich darauf.

Sogleich kam ein großer Hund aus der Schlucht hervorgesprungen, und darauf wieder einer und noch einer. Sie bellten laut, liefen zurück und kamen abermals wieder. Es währte nicht lange, da standen alle Jäger vor der Höhle, und der schönste unter ihnen war der König des Landes. Er trat auf Elisa zu. Niemals hatte er ein schöneres Mädchen gesehen.

„Wie bist du hierhergekommen, du herrliches Kind?", fragte er.

Elisa schüttelte den Kopf, sie durfte ja nicht sprechen. Sie verbarg ihre Hände unter der Schürze, damit der König nicht sehen würde, was sie leiden musste.

„Komm mit mir!", sagte er. „Hier darfst du nicht bleiben. Wenn du so gut wie du schön bist, so will ich dich in Samt und Seide kleiden, eine

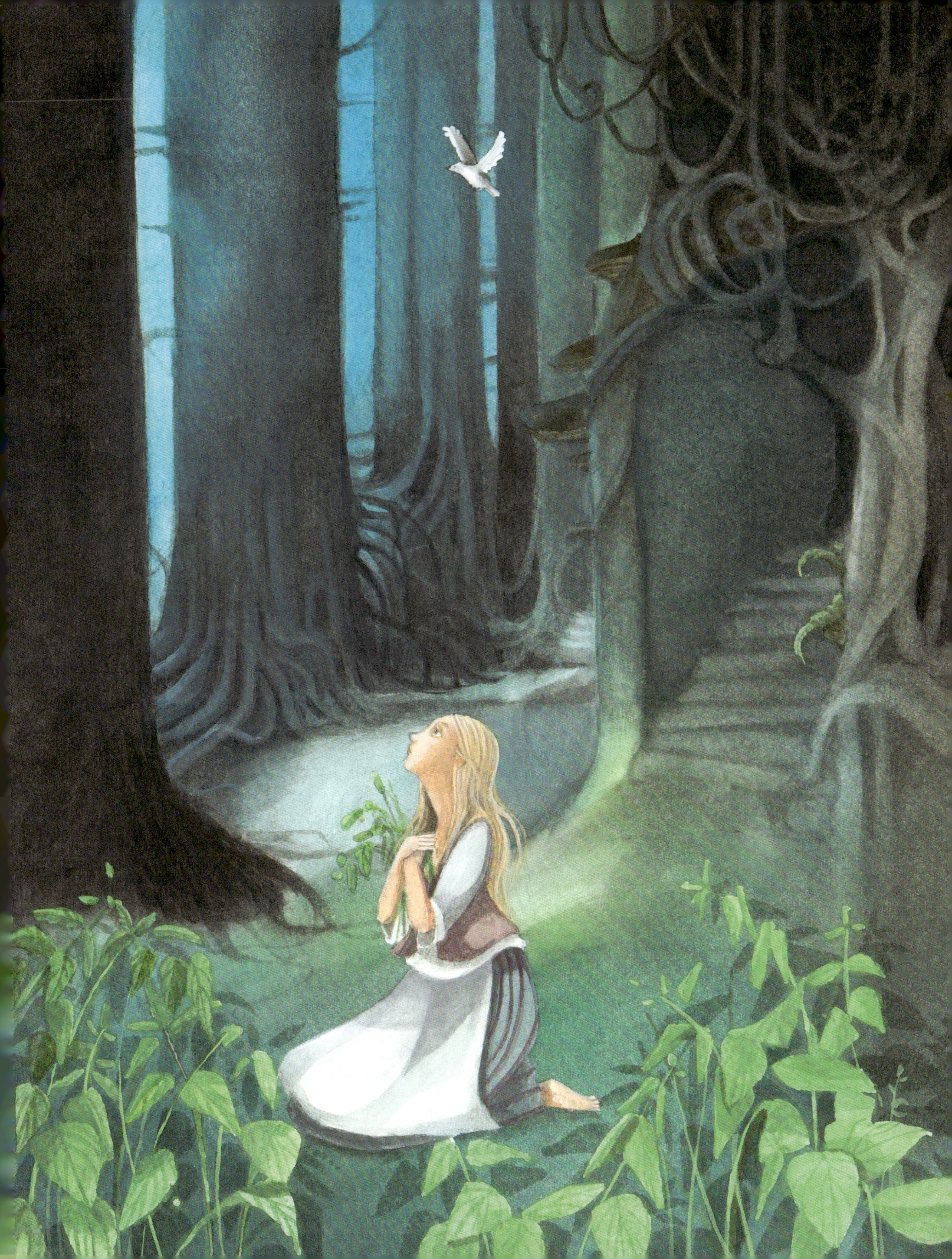

Goldkrone auf dein Haupt setzen, und du sollst in meinem reichsten Schloss wohnen!" Damit hob er sie auf sein Pferd.

Sie weinte und rang die Hände, aber der König sagte: „Ich will nur dein Glück! Einst wirst du mir dafür danken!" Und so jagte er fort durch die Berge und hielt sie vor sich auf dem Pferd, und die Jäger jagten hinterher. Endlich lag die schöne Königsstadt mit Kirchen und Kuppeln vor ihnen. Der König führte sie in das Schloss, wo große Springbrunnen in den Marmorsälen plätscherten, wo Wände und Decken mit Gemälden prangten. Elisa hatte jedoch keine Augen dafür, sie weinte und trauerte. Fügsam ließ sie sich von den Frauen königliche Kleider anlegen, Perlen ins Haar flechten und feine Handschuhe über die verbrannten Finger ziehen. Als sie in all ihrer Pracht dastand, war sie so blendend schön, dass der Hof sich tief vor ihr verneigte. Und der König wählte sie zu seiner Braut, obwohl der Erzbischof den Kopf schüttelte und flüsterte, dass das schöne Waldmädchen gewiss eine Hexe sei, sie blende die Augen und betöre das Herz des Königs.

Aber der König hörte nicht darauf, ließ Musik spielen, die köstlichsten Gerichte auftragen und die lieblichsten Mädchen um sie herumtanzen. Durch duftende Gärten wurde sie in prächtige Säle geführt, aber nicht ein Lächeln kam auf ihre Lippen oder aus ihren Augen, in ihnen stand nur Trauer. Nun öffnete der König eine kleine Kammer gleich neben dem Gemach, in dem sie schlafen sollte. Sie war mit kostbaren grünen Teppichen geschmückt und glich ganz der Höhle, in der sie gelebt hatte. Auf dem Fußboden lag das Bund Flachs, das sie aus den Nesseln gesponnen hatte, und unter der Decke hing das Panzerhemd, das fertig gestrickt war. Dies alles hatte einer der Jäger als etwas Seltsames mitgenommen.

„Hier kannst du dich in dein früheres Heim zurückträumen!", sagte der

König. „Hier ist die Arbeit, die dich dort beschäftigte. Inmitten all deiner Pracht wird es dir Freude machen, an jene Zeit zurückzudenken."
Als Elisa das sah, spielte ein Lächeln um ihren Mund, und das Blut kehrte in ihre Wangen zurück. Sie dachte an die Erlösung ihrer Brüder, küsste des Königs Hand, und er drückte sie an sein Herz und ließ durch alle Kirchenglocken das Hochzeitsfest verkünden. Das schöne stumme Mädchen aus dem Wald wurde Königin. Der Erzbischof selbst musste ihr die Krone auf das Haupt setzen, und er drückte mit bösem Sinn den engen Reif fest auf ihre Stirn nieder, sodass es schmerzte. Doch ein schwererer Reif lag um ihr Herz, die Trauer um ihre Brüder. Sie fühlte nicht die körperlichen Leiden. Ihr Mund war stumm. Ein einziges Wort würde ja ihre Brüder das Leben kosten. Aber in ihren Augen lag tiefe Liebe zu dem guten, schönen König, der alles tat, um sie zu erfreuen. Von ganzem Herzen gewann sie ihn von Tag zu Tag lieber. Oh, dass sie sich ihm nur anvertrauen und ihr Leid klagen dürfte! Doch stumm musste sie sein, stumm musste sie ihr Werk vollbringen. Darum schlich sie sich des Nachts von seiner Seite, ging in die kleine, verborgene Kammer, die wie die Höhle geschmückt war, und strickte ein Panzerhemd nach dem andern fertig.

Als sie das siebte begann, hatte sie keinen Flachs mehr. Auf dem Kirchhof, das wusste sie, wuchsen die Nesseln, die sie brauchte, aber die musste sie selbst pflücken. Wie sollte sie dorthin gelangen?
„Oh, was ist der Schmerz in meinen Fingern gegen die Qual, die mein Herz erleidet!", dachte sie. „Ich muss es wagen! Der Herr wird seine Hand nicht von mir abziehen!" Mit einer Herzensangst, als wäre es eine böse Tat, die sie vorhatte, schlich sie sich in der mondhellen Nacht in den Garten hinunter

und ging durch die Alleen und durch die einsamen Straßen zum Kirchhof hinaus. Da sah sie auf einem der breitesten Grabsteine einen Kreis Lamien sitzen, hässliche Hexen, die ihre Lumpen auszogen, als ob sie sich baden wollten, und dann wühlten sie mit den langen, mageren Fingern die frischen Gräber auf. Elisa musste dicht an ihnen vorbei, und sie hefteten ihre bösen Blicke auf sie. Aber sie betete still, sammelte die brennenden Nesseln und trug sie heim ins Schloss.

Nur ein einziger Mensch hatte sie gesehen: der Erzbischof. Er wachte, wenn die andern schliefen. Nun glaubte er recht zu haben mit seiner Meinung, dass es mit der Königin nicht wäre, wie es sein sollte. Sie wäre eine Hexe, darum hätte sie den König und das Volk betört.

Im Beichtstuhl erzählte er dem König, was er gesehen hatte und was er befürchtete. Alle Heiligenbilder schüttelten die Köpfe, als wollten sie sagen: „Es ist nicht so! Elisa ist unschuldig!"

Aber der Erzbischof legte es anders aus. Er meinte, dass sie ihn bestätigten, indem sie die Köpfe über Elisas Sünde schüttelten.

Da rollten zwei schwere Tränen über des Königs Wangen. Mit Zweifel im Herzen ging er nach Hause und stellte sich nachts, als ob er schliefe. Er merkte, wie Elisa aufstand, und jede Nacht wiederholte sich das. Jedes Mal folgte er ihr leise und sah, dass sie in ihrer Kammer verschwand.

Von Tag zu Tag wurde seine Miene finsterer. Elisa sah es, begriff aber nicht warum, doch es ängstigte sie und was litt sie nicht im Herzen um die Brüder! Auf den königlichen Samt und Purpur rannen ihre heißen Tränen. Sie lagen da wie schimmernde Diamanten, und alle, die die reiche Pracht sahen, wünschten Königin zu sein.

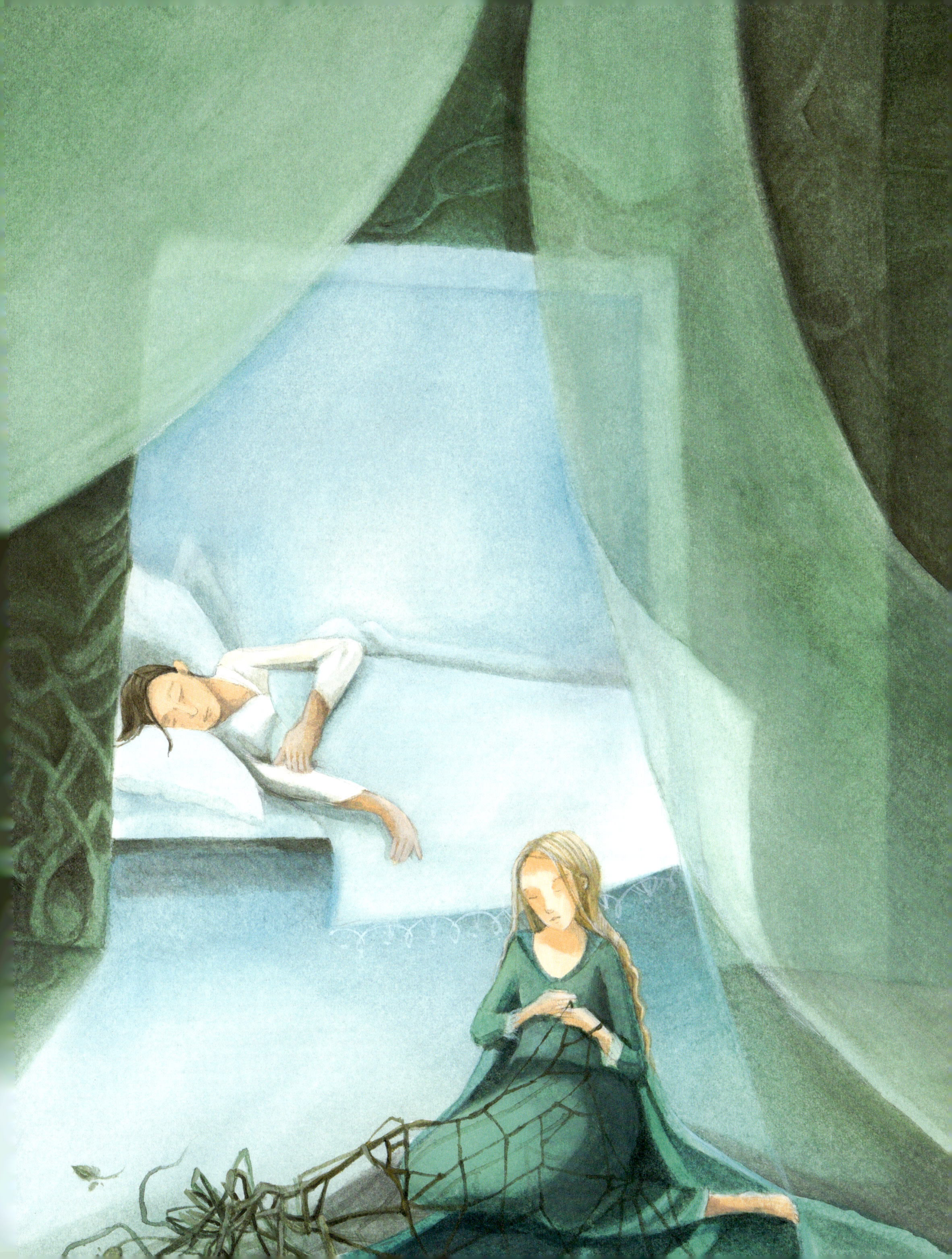

Inzwischen war Elisa fast mit ihrer Arbeit fertig. Nur ein Panzerhemd fehlte noch, aber Flachs hatte sie auch nicht mehr und nicht eine einzige Nessel. Einmal, nur dieses letzte Mal, musste sie darum auf den Kirchhof und einige Hände voll pflücken. Mit Angst dachte sie an die einsame Wanderung und an die schrecklichen Hexen, aber ihr Wille war so stark wie ihr Vertrauen in Gott.

Elisa ging, aber der König und der Erzbischof folgten ihr. Sie sahen sie durch die Gitterpforte im Kirchhof verschwinden, und als sie sich der Pforte näherten, saßen die Hexen auf dem Grabstein, wie Elisa sie gesehen hatte – und der König wandte sich ab, denn er meinte, dass die, deren Haupt noch am Abend an seiner Brust geruht hatte, mit unter den Hexen sei.

„Das Volk muss sie verurteilen!", sagte er.

Und das Volk verurteilte sie, den Feuertod zu sterben. Aus den prächtigen Königssälen wurde Elisa in ein dunkles, feuchtes Loch geführt, wo der Wind durch das vergitterte Fenster pfiff. Statt Samt und Seide gab man ihr das Bund Nesseln, welches sie gesammelt hatte, darauf konnte sie ihr Haupt legen. Die harten, brennenden Panzerhemden, die sie gestrickt hatte, sollten ihr Kissen und Decken sein. Aber nichts Lieberes hätte man ihr geben können. Sie nahm ihre Arbeit wieder vor und betete zu Gott. Draußen sangen die Straßenjungen Spottlieder auf sie; keine Seele tröstete sie mit einem freundlichen Wort.

Da rauschten gegen Abend dicht am Gitter Schwanenflügel, das war der jüngste der Brüder. Er hatte die Schwester gefunden und sie schluchzte laut vor Freude, obwohl sie wusste, dass die kommende Nacht vielleicht die letzte sein würde, die sie erleben durfte. Aber nun war ja auch die Arbeit fast vollendet und ihre Brüder waren da.

Der Erzbischof kam, um in der letzten Stunde bei ihr zu sein, das hatte er dem König versprochen. Doch sie schüttelte das Haupt und bat ihn mit Blicken und Mienen zu gehen. In dieser Nacht musste sie ja ihre Arbeit vollenden oder alles war umsonst, alles, Schmerz, Tränen und die schlaflosen Nächte. Der Erzbischof entfernte sich mit bösen Worten gegen sie, aber die arme Elisa wusste, dass sie unschuldig war, und fuhr in ihrer Arbeit fort. Die kleinen Mäuse liefen über den Fußboden. Sie schleppten Nesseln zu ihren Füßen hin, um doch etwas zu helfen, und die Drossel setzte sich an das Gitter des Fensters und sang die ganze Nacht, so lustig sie konnte, damit Elisa nicht den Mut verlor.

Es dämmerte noch. Erst in einer Stunde würde die Sonne aufgehen, da standen die elf Brüder an der Pforte des Schlosses und verlangten, zum König geführt zu werden. Das sei nicht möglich, sagte man ihnen. Es sei ja noch Nacht, der König schlafe und dürfe nicht geweckt werden. Sie baten, sie drohten, die Wache kam, ja der König selbst trat heraus und fragte, was das bedeute. Da ging die Sonne auf, und nun waren keine Brüder mehr zu sehen, aber über das Schloss flogen elf wilde Schwäne.
Aus dem Stadttor strömte das ganze Volk. Alle wollten die Hexe brennen sehen. Ein alter Gaul zog den Karren, auf dem sie saß. Man hatte ihr ein Kleid von grobem Sackleinen angezogen. Ihr herrliches, langes Haar hing aufgelöst um das schöne Haupt, ihre Wangen waren totenblass, ihre Lippen bewegten sich leise, während die Finger den grünen Flachs flochten. Selbst auf dem Wege zum Tod unterbrach sie die begonnene Arbeit nicht. Zehn Panzerhemden lagen zu ihren Füßen, am elften strickte sie noch.
Der Pöbel verhöhnte sie. „Seht die Hexe, wie sie murmelt! Kein Gesangbuch

hat sie in der Hand. Nein, mit ihrem hässlichen Zauberkram sitzt sie da, reißt es in tausend Stücke!"

Und sie drangen alle auf sie ein und wollten die Panzerhemden zerreißen, da kamen elf Schwäne geflogen, die setzten sich rings um sie her auf den Karren und schlugen mit ihren großen Schwingen. Erschrocken wich das Volk zur Seite.

„Das ist ein Zeichen des Himmels! Sie ist gewiss unschuldig!", flüsterten viele. Aber sie wagten nicht, es laut zu sagen.

Jetzt ergriff der Henker sie bei der Hand. Da warf sie hastig die elf Panzerhemden über die Schwäne und sogleich standen elf schöne Prinzen da. Nur der jüngste hatte einen Schwanenflügel statt des einen Armes, denn es fehlte ein Ärmel in seinem Panzerhemd, den hatte sie nicht fertig bekommen.

„Nun darf ich sprechen!", sagte sie. „Ich bin unschuldig!"

Und als das Volk sah, was geschehen war, verneigte es sich vor ihr wie vor einer Heiligen. Elisa aber sank leblos in die Arme der Brüder, so hatten Spannung, Angst und Schmerz sie erschöpft.

„Ja, unschuldig ist sie", sagte der älteste Bruder und nun erzählte er alles, was geschehen war.

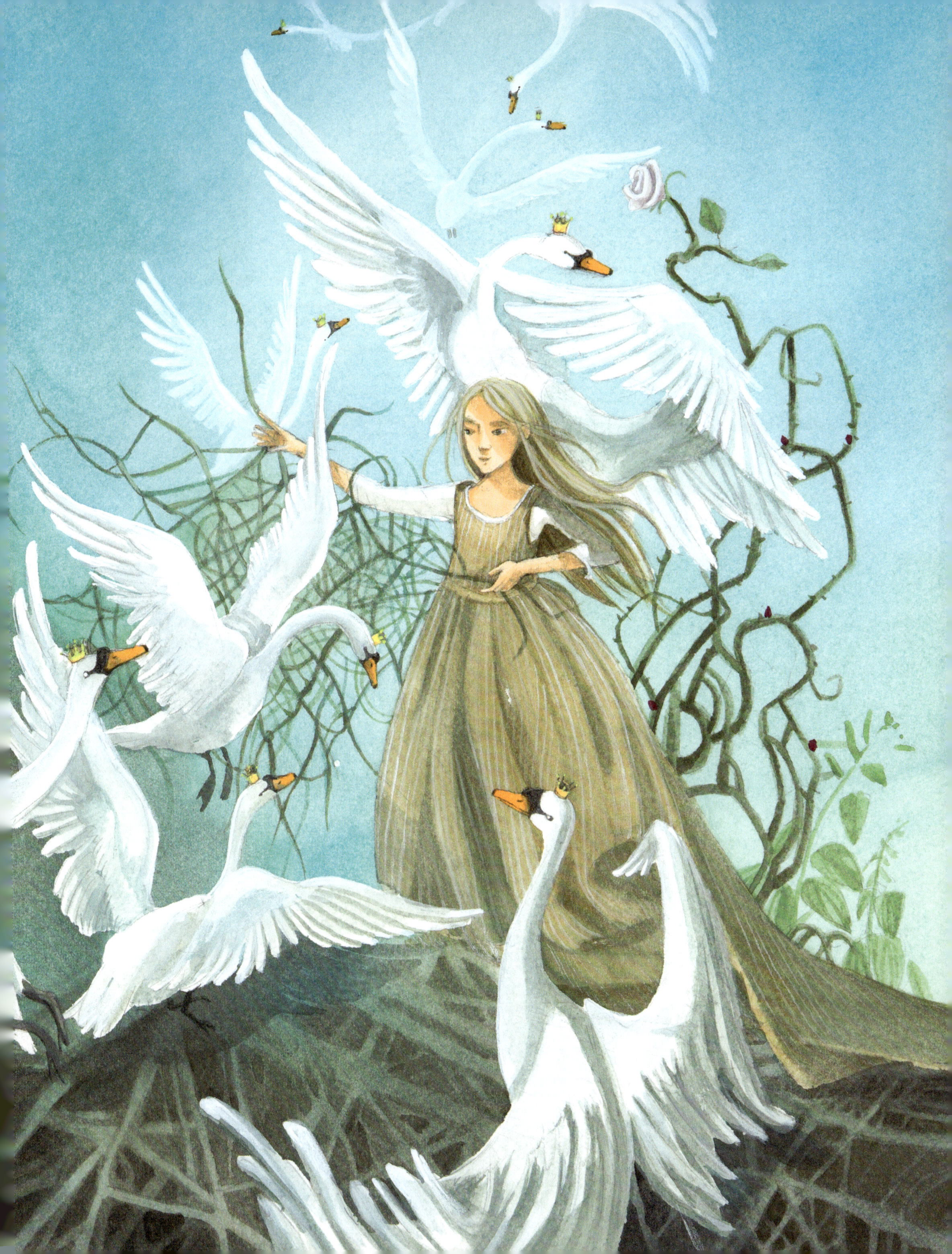

Und während er sprach, verbreitete sich ein Duft wie von Millionen Rosen, denn jedes Stück Brennholz im Scheiterhaufen hatte Wurzeln geschlagen und Zweige getrieben. Eine duftende Hecke stand da, hoch und groß, mit roten Rosen. Ganz oben saß eine Blüte, weiß und glänzend, leuchtend wie ein Stern. Die pflückte der König und steckte sie an Elisas Brust. Da erwachte sie mit Frieden und Glückseligkeit im Herzen.
Und alle Kirchenglocken läuteten von selbst und die Vögel kamen in großen Scharen. Es wurde ein Hochzeitszug zurück zum Schloss, wie ihn noch kein König gesehen hatte!

Der fliegende Koffer

Es war einmal ein Kaufmann, der war so reich, dass er die ganze Straße und fast noch eine kleine Gasse dazu mit Silbergeld pflastern konnte. Aber das tat er nicht, denn er wusste sein Geld anders anzuwenden. Gab er einen Schilling aus, so bekam er einen Taler wieder, so ein geschickter Kaufmann war er – und dann starb er.

Der Sohn bekam nun alles Geld, und er lebte vergnügt, ging jede Nacht zum Maskenball, machte Papierdrachen aus Talerscheinen und schnellte Goldstücke statt flacher Steine über das Wasser. So konnte das Geld schon alle werden und das tat es. Zuletzt besaß er nicht mehr als vier Schillinge, ein Paar Pantoffeln und einen alten Schlafrock.

Nun kümmerten sich seine Freunde nicht länger um ihn. Nur einer von ihnen, der gutmütig war, sandte ihm einen alten Koffer und sagte: „Packe ein!" Ja, das war nun leicht gesagt, denn der Kaufmannssohn hatte nichts einzupacken. Darum setzte er sich selbst in den Koffer.

Es war aber ein merkwürdiger Koffer. Sobald man an das Schloss drückte, konnte er fliegen. Er drückte, und husch!, flog der Koffer mit ihm

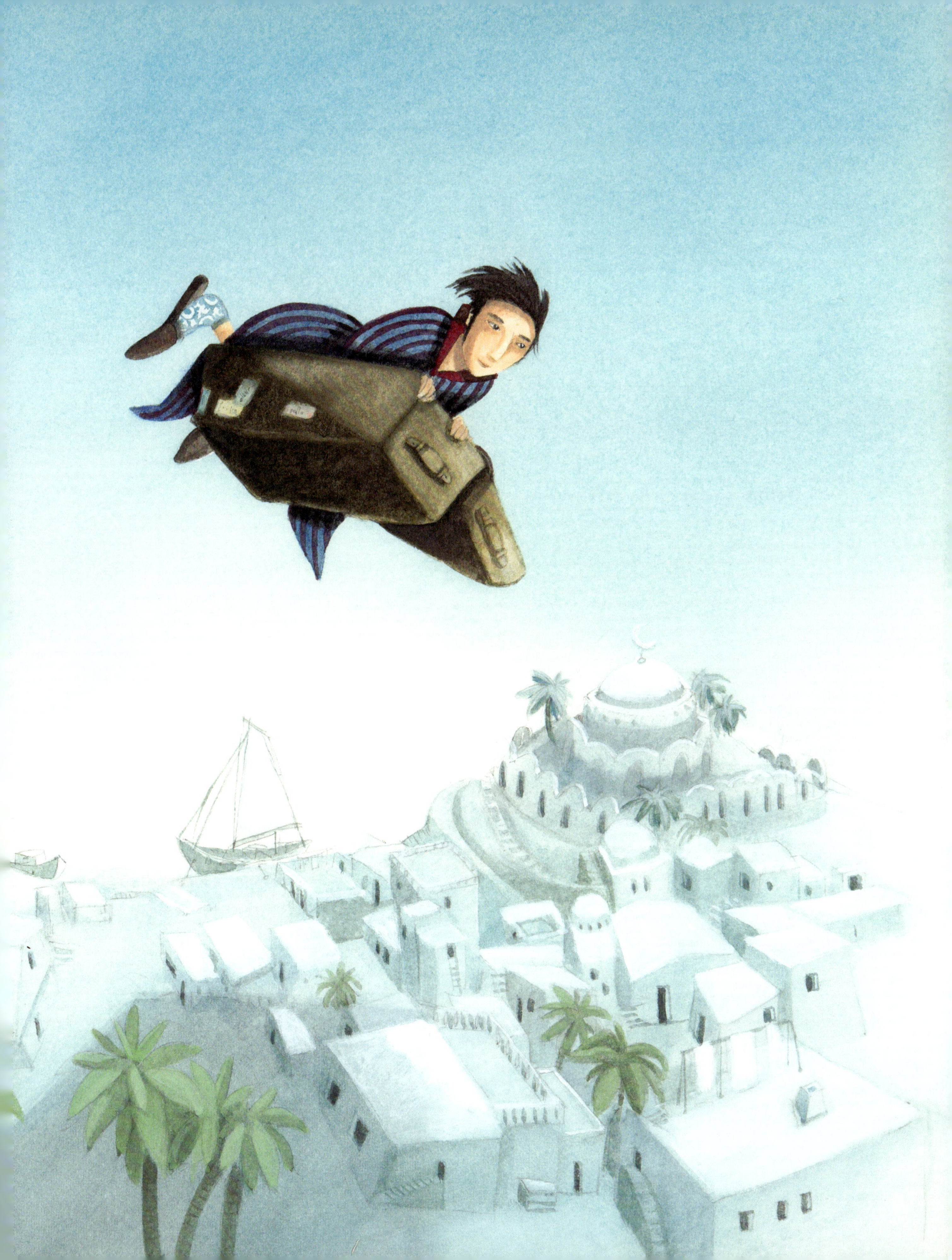

durch den Schornstein hoch über die Wolken hinauf, weiter und weiter fort. Knackte es aber im Boden, war der Kaufmannssohn gar sehr in Angst, dass der Koffer in Stücke gehen könnte, denn dann hätte er einen tüchtigen Purzelbaum gemacht! Gott bewahre!

So kam der Kaufmannssohn ins Land der Türken. Den Koffer verbarg er im Wald unter dürren Blättern und ging dann in die Stadt hinein. Das konnte er auch gut, denn bei den Türken gingen ja alle so wie er in weiten Kleidern und Pantoffeln.

Da begegnete er einer Amme mit einem kleinen Kind. „Hör mal", sagte er, „was ist das für ein großes Schloss hier bei der Stadt, wo die Fenster so hoch sitzen?"

„Da wohnt die Tochter des Königs!", antwortete sie. „Es ist ihr vorhergesagt, dass sie über einen Geliebten sehr unglücklich werden würde, und deshalb darf niemand zu ihr kommen, wenn nicht der König und die Königin dabei sind!"

„Danke schön!", sagte der Kaufmannssohn. Dann ging er hinaus in den Wald, setzte sich in seinen Koffer, flog auf das Dach und kroch durch das Fenster zur Prinzessin hinein.

Sie lag auf dem Sofa, schlief und war so schön, dass der Kaufmannssohn sie küssen musste. Da erwachte sie und erschrak sehr. Er aber sagte, er sei ein Gott, der durch die Luft zu ihr herabgekommen sei, und das gefiel ihr gut. Dann saßen sie nebeneinander, und er erzählte ihr Geschichten von ihren Augen: Sie seien die herrlichsten dunklen Seen und die Gedanken schwämmen darin wie Nixen. Und er erzählte von ihrer Stirn: Sie sei ein Schneeberg mit den prächtigsten Sälen und Bildern, und er erzählte vom Storch, der die süßen kleinen Kinder bringe. Ja, das waren herrliche Geschichten! Dann fragte er sie, ob sie ihn heiraten wolle, und sie sagte sogleich: „Ja! Aber Ihr müsst am Sonnabend herkommen! Da sind der König und die Königin bei mir zum Tee. Sie werden sehr stolz darauf sein, dass ich einen Gott bekomme. Aber seht zu, dass Ihr ein recht hübsches Märchen wisst, denn das lieben meine Eltern außerordentlich. Meine Mutter will es moralisch und vornehm haben und mein Vater lustig, sodass man lachen kann!"

„Ja, ich bringe kein anderes Geschenk mit als ein Märchen!", sagte er und so trennten sie sich. Die Prinzessin gab ihm einen Säbel, der mit Goldstücken besetzt war, und die konnte er gut gebrauchen.

Nun flog er fort, kaufte sich einen

neuen Schlafrock und saß dann draußen im Wald und dichtete an einem Märchen. Bis zum Sonnabend sollte es fertig sein und das war gar nicht so leicht.

Als er damit fertig wurde, war es Sonnabend.

Der König, die Königin und der ganze Hof waren zum Tee bei der Prinzessin. Der Kaufmannssohn wurde sehr gnädig empfangen!

„Wollt Ihr uns ein Märchen erzählen?", fragte die Königin. „Eins, das tiefsinnig und belehrend ist?"

„Aber worüber man dennoch lachen kann!", ergänzte der König.

„Jawohl!", sagte der Kaufmannssohn und erzählte. Und nun gut aufgepasst!

„Es war einmal ein Bund Schwefelhölzchen, die waren so überaus stolz auf ihre hohe Herkunft! Ihr Stammbaum, das heißt, die große Fichte, von der ein jedes kleines Hölzchen war, hatte als großer, alter Baum im Wald gestanden. Die Schwefelhölzchen lagen nun zwischen einem Feuerzeug und einem alten Eisentopf und erzählten von ihrer Jugend.

‚Ja, als wir auf dem grünen Zweige waren', sagten sie, ‚da waren wir wirklich auf dem grünen Zweig! Jeden Morgen und Abend gab es Diamanttee, das war der Tau. Den ganzen Tag hatten wir Sonnenschein, wenn die Sonne schien, und die kleinen Vögel mussten uns Geschichten erzählen. Wir konnten wohl merken, dass wir reich waren, denn die Laubbäume waren nur im Sommer bekleidet, aber unsere Familie hatte selbst im Winter die Mittel zu grünen Kleidern. Doch da kamen die Holzfäller, das war die große Revolution, und unsere Familie wurde zersplittert. Der Stammherr bekam seinen Platz als Großmast auf einem prächtigen Schiff, das die Welt umsegeln konnte, wenn es wollte. Die anderen Zweige kamen an andere Orte und wir haben nun das Amt, der niedrigen Menge das Licht anzuzünden. Deshalb sind wir vornehmen Leute hierher in die Küche gekommen.'

‚Mir ist es ganz anders ergangen!', sagte der Eisentopf, neben dem die Schwefelhölzchen lagen. ‚Seit ich auf die Welt kam, bin ich viele Male gescheuert und gekocht worden. Ich sorge für das Solide und bin eigentlich der Erste hier im Haus. Meine einzige Freude ist, nach Tisch rein und fein auf dem Brett zu stehen und ein vernünftiges Gespräch mit meinen Kameraden zu führen. Doch abgesehen vom Wassereimer, der hin und wieder einmal in den Hof hinunterkommt, leben wir immer innerhalb unserer vier Wände. Unser einziger Neuigkeitsbote ist der Marktkorb, aber der spricht sehr beunruhigend über die Regierung und das Volk. Ja, neulich ist ein alter Topf vor Schreck darüber heruntergefallen und in Stücke zersprungen. Der ist freisinnig, will ich euch nur sagen!'

‚Nun schwatzt du zu viel!', sagte das Feuerzeug, und der Stahl schlug gegen den Feuerstein, dass er Funken sprühte. ‚Wollen wir uns nicht einen lustigen Abend machen?'

‚Ja, lasst uns davon sprechen, wer der Vornehmste ist!', sagten die Schwefelhölzchen.

‚Nein, ich liebe es nicht, von mir selbst zu reden', sagte die Tonkanne. ‚Lasst uns eine Abendunterhaltung veranstalten! Ich will anfangen. Ich werde etwas erzählen, was jeder erlebt hat. Da kann man sich leicht hineinversetzen und das ist sehr vergnüglich: An der Ostsee bei den dänischen Buchen …'

‚Das ist ein hübscher Anfang!', sagten alle Teller. ‚Das wird eine Geschichte, die uns gefällt.'

‚Ja, da verlebte ich meine Jugend bei einer stillen Familie. Die Möbel wurden poliert, der Fußboden gescheuert und alle vierzehn Tage wurden frische Gardinen aufgehängt!'

,Wie interessant Sie doch erzählen!', sagte der Kehrbesen. ,Man kann gleich hören, dass eine Frau erzählt, es geht so etwas Reinliches hindurch!'

,Ja, das fühlt man!', sagte der Wassereimer und machte vor Freude einen kleinen Sprung, sodass es auf dem Fußboden platschte.

Und die Kanne fuhr fort zu erzählen, und das Ende war ebenso gut wie der Anfang.

Alle Teller klapperten vor Freude, und der Kehrbesen zog grüne Petersilie aus dem Topf und bekränzte die Tonkanne, denn er wusste, dass es die andern ärgern würde. ,Bekränze ich sie heute', dachte er, ,so bekränzt sie mich morgen.'

,Nun will ich tanzen!', sagte die Feuerzange und tanzte. Gott bewahre, wie konnte sie das eine Bein in die Höhe strecken! Der alte Stuhlüberzug im Eck platzte, als er es sah!

,Werde ich nun auch bekränzt?', fragte die Feuerzange und sie wurde es.

,Das ist doch nur Pöbel!', dachten die Schwefelhölzchen.

Nun sollte die Teemaschine singen. Sie sagte aber, sie sei erkältet, sie könne nicht singen, wenn es nicht in ihr koche. Das war aber nur Vornehmtuerei. Sie wollte nur singen, wenn sie drin bei der Herrschaft auf dem Tisch stand.

Im Fenster saß eine alte Gänsefeder, mit der das Mädchen zu schreiben pflegte. Es war nichts Bemerkenswertes an ihr, außer dass sie gar zu tief in das Tintenfass getaucht worden war, und darauf war sie nun stolz.

,Will die Teemaschine nicht singen', sagte sie, ,so soll sie es bleiben lassen! Draußen hängt eine Nachtigall in einem Käfig, die kann singen. Sie hat freilich nichts gelernt, aber darüber wollen wir heute Abend hinwegsehen!'

‚Ich finde es höchst unpassend', sagte der Teekessel – er war Küchensänger und Halbbruder der Teemaschine –, ‚dass ein fremder Vogel gehört werden soll! Ist das patriotisch? Man soll den Marktkorb darüber urteilen lassen!'
‚Ich ärgere mich nur', sagte der Marktkorb, ‚ich ärgere mich innerlich so sehr, wie niemand es sich denken kann. Ist das eine passende Art, den Abend zu begehen? Würde es nicht richtiger sein, das Haus in Ordnung zu bringen? Ein jeder müsste auf seinen Platz kommen, und ich würde das Spiel leiten. Das würde etwas anderes werden!'
‚Ja, lasst uns Spektakel machen!', sagten alle.
In diesem Augenblick ging die Tür auf. Es war das Dienstmädchen, und da standen alle still. Keiner muckste! Dabei war da nicht ein einziger Topf, der nicht gewusst hätte, was er tun konnte und wie vornehm er wäre.
‚Ja, wenn ich gewollt hätte', dachte jeder, ‚so wäre es freilich ein recht lustiger Abend geworden!'
Das Dienstmädchen nahm die Schwefelhölzchen und machte Feuer damit an. – Gott bewahre, wie die sprühten und auflöderten!
‚Nun kann doch jeder sehen', dachten sie, ‚dass wir die Ersten sind! Welchen Glanz haben wir! Welches Licht!' – Und damit waren sie verbrannt."

„Das war ein herrliches Märchen!", sagte die Königin. „Ich fühlte mich ganz in der Küche bei den Schwefelhölzchen. Ja, nun sollst du unsere Tochter haben."
„Jawohl!", sagte der König. „Du sollst unsere Tochter am Montag haben!"
Denn jetzt sagten sie Du zu ihm, da er zur Familie gehören sollte.
Die Hochzeit war nun festgesetzt, und am Abend vorher wurde die ganze Stadt beleuchtet. Zwieback und Brezeln wurden unter das Volk geworfen.

Die Gassenjungen riefen Hurra und pfiffen durch die Finger. Es war außerordentlich prachtvoll.

„Ja, ich werde wohl auch etwas zum Besten geben müssen!", dachte der Kaufmannssohn. Und so kaufte er Raketen, Knallerbsen und alles Feuerwerk, was man sich nur denken kann, legte es in seinen Koffer und flog damit in die Luft. Hui, wie das ging und wie das pufftte!

Sobald der Kaufmannssohn mit seinem Koffer wieder herunter in den Wald kam, dachte er: „Ich will doch in die Stadt hineingehen, um zu erfahren, wie es aufgenommen wurde!"

Es war ja ganz natürlich, dass er Lust dazu hatte. Nein, was doch die Leute erzählten! Jeder, den er danach fragte, hatte es auf seine Weise gesehen, aber herrlich war es für alle gewesen.

Am nächsten Tage sollte der Kaufmannssohn Hochzeit machen. Nun ging er in den Wald zurück, um sich in seinen Koffer zu setzen – aber wo war der geblieben? Der Koffer war verbrannt.

Ein Funken des Feuerwerks war zurückgeblieben, der hatte das Feuer entfacht, und der Koffer lag in Asche. Jetzt konnte der Kaufmannssohn nicht mehr fliegen und nicht mehr zu seiner Braut gelangen.

Den ganzen Tag stand sie auf dem Dach und wartete. Sie wartet immer noch. Er aber geht in der Welt umher und erzählt Märchen, doch sind sie nicht mehr so lustig wie das von den Schwefelhölzchen.

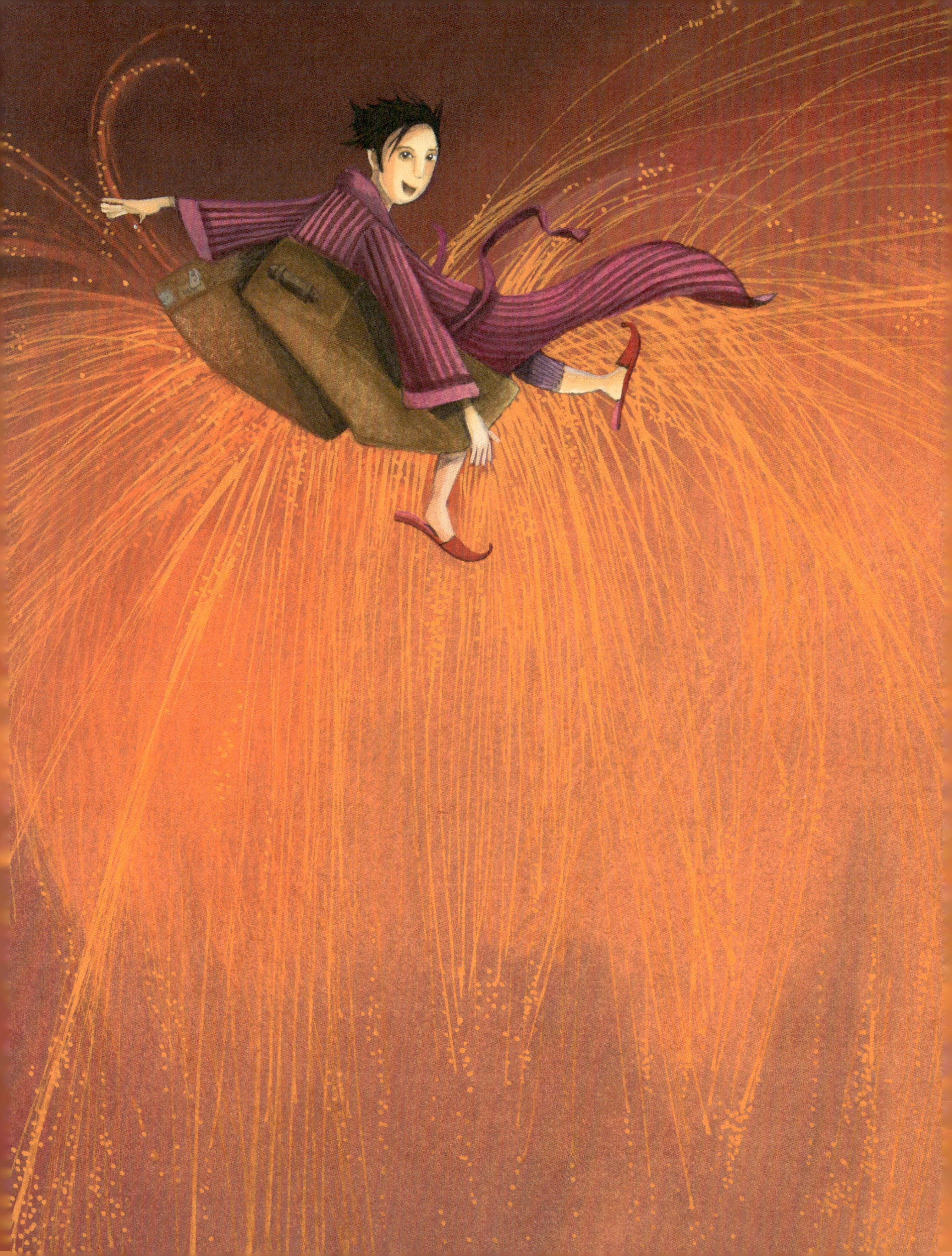

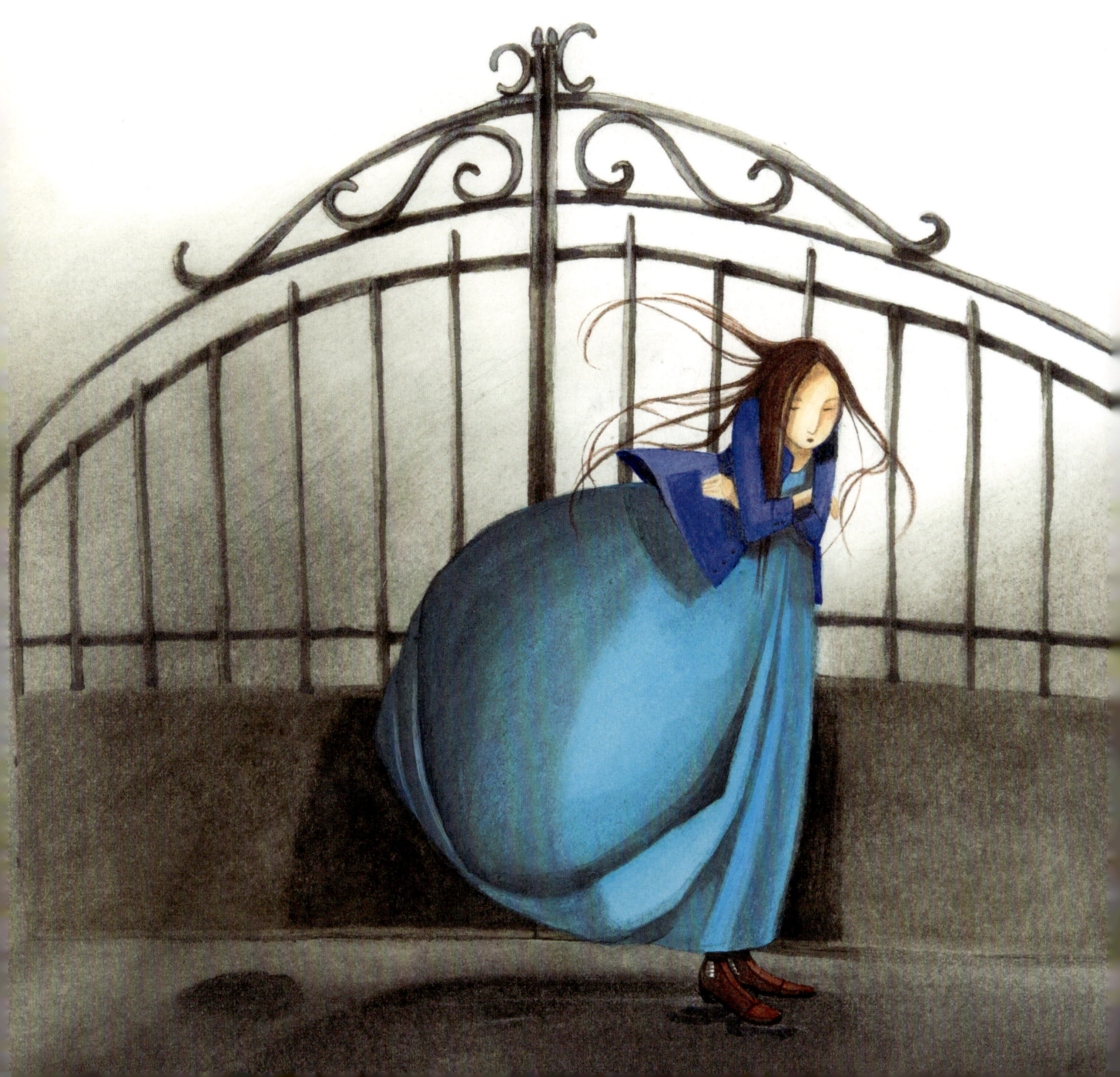

Die Prinzessin auf der Erbse

Es war einmal ein Prinz, der wollte eine Prinzessin heiraten. Aber es sollte eine richtige Prinzessin sein. Da reiste er in der ganzen Welt umher, um eine solche zu finden, doch überall stand etwas im Wege. Prinzessinnen gab es genug. Ob es allerdings richtige Prinzessinnen waren, dahinter konnte er nicht ganz kommen. Immer gab es etwas, was nicht in Ordnung war. Da kam er wieder nach Hause und war sehr betrübt, denn er wollte doch gar zu gern eine richtige Prinzessin haben.

Eines Abends gab es ein furchtbares Unwetter. Es blitzte und donnerte, der Regen floss in Strömen, es war ganz schrecklich! Da klopfte es an das Schlosstor und der alte König ging hin, um aufzumachen.

Es war eine Prinzessin, die draußen stand. Aber, oh Gott! Wie sah sie aus vom Regen und dem bösen Wetter! Das Wasser lief ihr vom Haar und von den Kleidern herunter. Es lief vorn in die Schuhe hinein und an den Hacken wieder heraus, und da sagte sie, sie sei eine richtige Prinzessin.

„Nun, das werden wir schon herausbekommen!", dachte die alte Königin. Aber sie sagte nichts, ging in die Schlafkammer, nahm alle Betten ab und legte eine Erbse auf den Boden der Bettstelle. Dann nahm sie zwanzig Matratzen und legte sie auf die Erbse, und dann noch zwanzig Federbetten oben auf die Matratzen.

Darauf musste nun die Prinzessin die ganze Nacht liegen. Am Morgen wurde sie gefragt, wie sie geschlafen habe.

„Oh, schrecklich schlecht!", sagte die Prinzessin. „Ich habe die Augen fast die ganze Nacht nicht zugetan! Gott weiß, was da im Bett gewesen ist! Ich habe auf etwas Hartem gelegen, sodass ich braun und blau am ganzen Körper bin! Es ist entsetzlich!"

Nun sahen sie, dass sie eine richtige Prinzessin war, weil sie durch die zwanzig Matratzen und die zwanzig Federbetten hindurch die Erbse gespürt hatte. So empfindlich konnte nur eine richtige Prinzessin sein.

Da nahm der Prinz sie zur Frau, denn nun wusste er, dass er eine richtige Prinzessin hatte, und die Erbse kam ins Museum, wo sie noch heute zu sehen ist, wenn niemand sie gestohlen hat.

Seht, das ist eine wahre Geschichte.

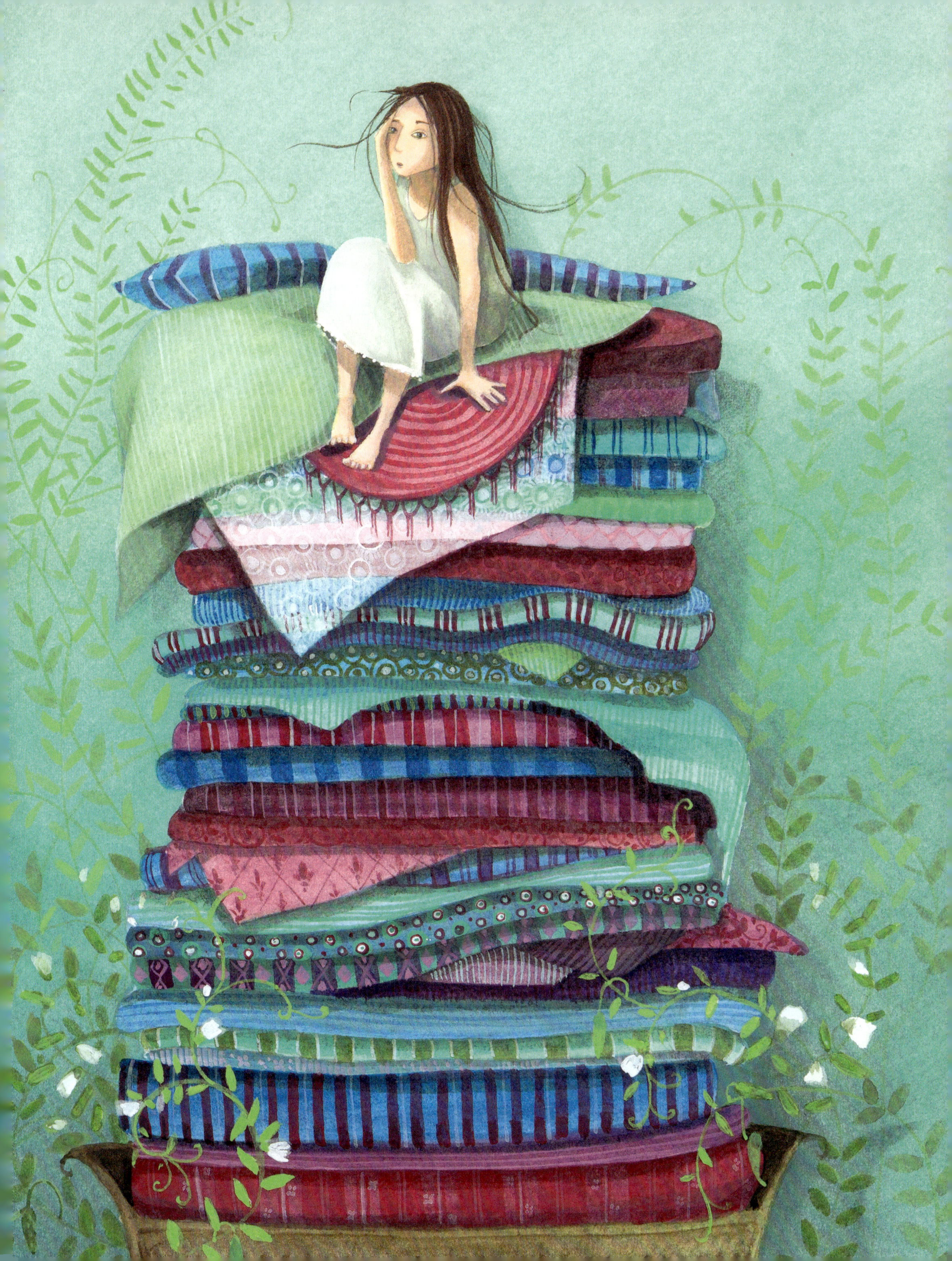

Die Nachtigall

In China, das weißt du wohl, ist der Kaiser ein Chinese, und alle, die er um sich hat, sind auch Chinesen. Es ist nun viele Jahre her, aber eben darum ist es der Mühe wert, die Geschichte zu hören, ehe sie vergessen wird! Des Kaisers Schloss war das prächtigste auf der Welt, ganz und gar aus feinem Porzellan, sehr kostbar, aber so zerbrechlich, so gefährlich zu berühren, dass man sich ordentlich in Acht nehmen musste. Im Garten sah man die wunderbarsten Blumen, und an die allerprächtigsten waren Silberglocken gebunden. Die läuteten, damit man nicht vorbeiging, ohne die Blumen zu bemerken. Ja, alles war in des Kaisers Garten so kunstvoll ausgeklügelt. Er erstreckte sich so weit, dass selbst der Gärtner das Ende nicht kannte. Ging man immer weiter, so kam man in den herrlichsten Wald mit hohen Bäumen und tiefen Seen. Der Wald ging bis ganz hinunter zum Meer, das blau und tief war. Große Schiffe konnten bis unter die Zweige hinsegeln, und in diesen wohnte eine Nachtigall, die so herrlich sang, dass selbst der arme Fischer, der doch viel anderes zu tun hatte, stillhielt und horchte, wenn er des Nachts ausgefahren war, um das Fischnetz einzuholen und dann die Nachtigall hörte.

„Ach Gott, wie ist das schön!", sagte er. Aber er musste auf seine Sachen achtgeben und vergaß dabei den Vogel. Doch wenn dieser in der nächsten

Nacht wieder sang und der Fischer dorthin kam, sagte er dasselbe: „Ach Gott, wie ist das schön!"

Aus allen Ländern der Welt kamen Reisende in die Stadt des Kaisers und bewunderten diese, das Schloss und den Garten. Doch wenn sie die Nachtigall zu hören bekamen, sagten sie alle: „Das ist doch das Beste!"

Die Reisenden erzählten davon, wenn sie nach Hause kamen, und die Gelehrten schrieben viele Bücher über die Stadt, das Schloss und den Garten, aber die Nachtigall vergaßen sie nicht, sie wurde am höchsten gepriesen. Diejenigen, welche dichten konnten, schrieben die herrlichsten Gedichte, alle über die Nachtigall im Wald bei dem tiefen See.

Die Bücher kamen in der Welt herum, und einige davon kamen auch einmal zum Kaiser. Er saß in seinem goldenen Stuhl und las und las. Jeden Augenblick nickte er mit dem Kopf, denn es freute ihn, die prächtigen Beschreibungen der Stadt, des Schlosses und des Gartens zu lesen. *Aber die Nachtigall ist doch das Allerbeste!*, stand da geschrieben.

„Was ist das?", fragte der Kaiser. „Die Nachtigall! Die kenne ich ja gar nicht! Ist ein solcher Vogel in meinem Kaiserreich und sogar in meinem Garten? Davon habe ich nie gehört! So etwas muss man erst lesen!"

Und dann rief er seinen Edelmann. Der war so vornehm! Wenn jemand, der von geringerem Stand war als er, mit ihm zu sprechen oder ihn etwas zu fragen wagte, antwortete er weiter nichts als „P!", und das hat nichts zu bedeuten.

„Hier soll ja ein höchst merkwürdiger Vogel sein, der Nachtigall genannt wird!", sagte der Kaiser. „Man sagt, dies sei das Allerbeste in meinem großen Reich. Warum hat man mir nie etwas davon gesagt?"

„Ich habe ihn früher nie nennen hören!", sagte der Edelmann. „Er ist nie bei Hofe vorgestellt worden!"

„Ich will, dass er heute Abend herkommt und mir vorsingt!", sagte der Kaiser. „Die ganze Welt weiß, was ich habe, nur ich weiß es nicht!"

„Ich habe ihn früher nie nennen hören!", sagte der Edelmann. „Ich werde ihn suchen, ich werde ihn finden."

Doch wo war der Vogel zu finden? Der Edelmann lief alle Treppen hinauf und hinab, durch Säle und Gänge, aber keiner von denen, die er traf, hatte von der Nachtigall jemals gehört.

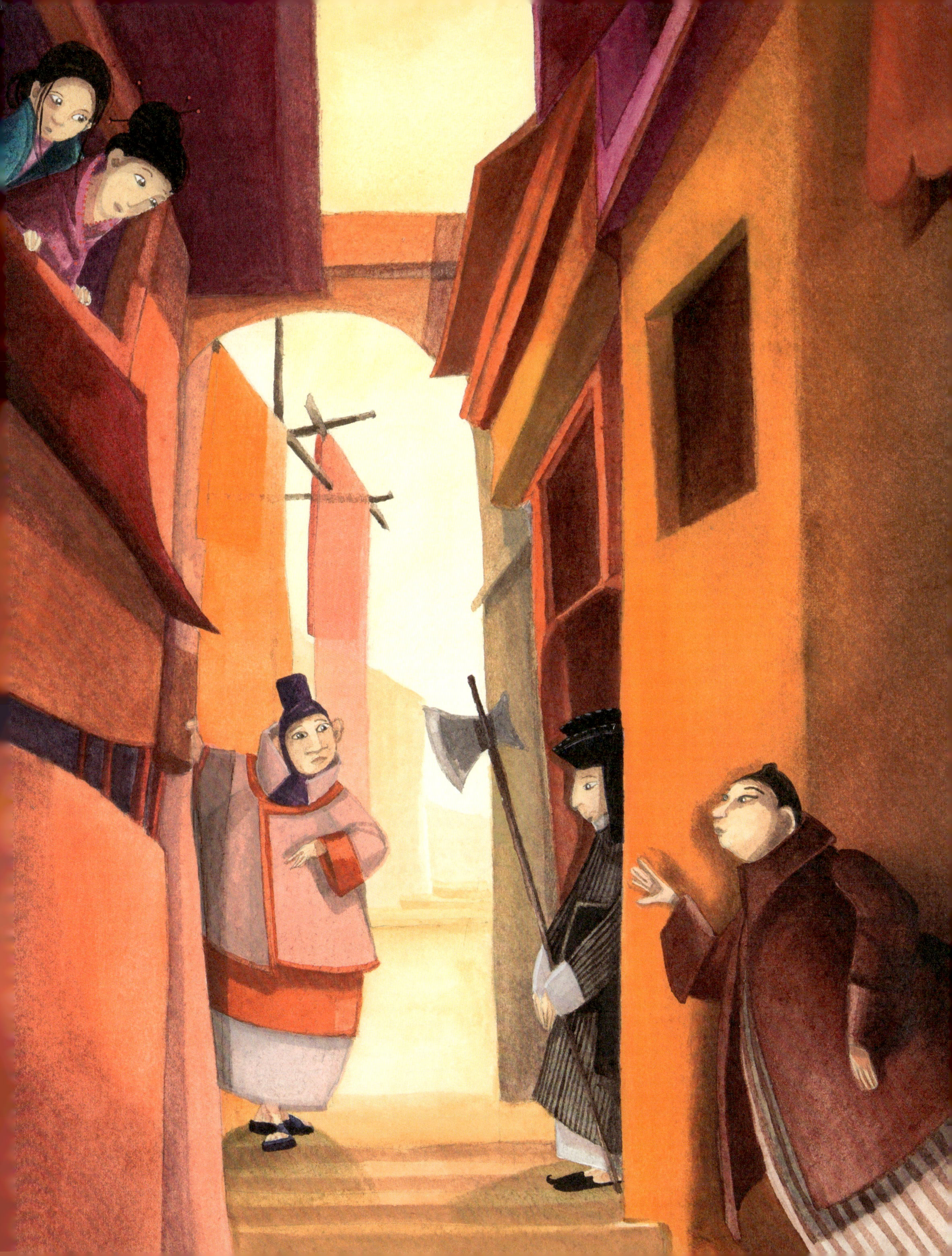

Also lief der Edelmann wieder zum Kaiser und sagte, dass es gewiss ein Märchen von denen sein müsse, die da Bücher schrieben. „Ihre Kaiserliche Majestät werden nicht glauben, was da geschrieben wird! Das sind Erfindungen und etwas, was man die Schwarze Kunst nennt."

„Aber das Buch, in dem ich dies gelesen habe", sagte der Kaiser, „ist mir von dem großmächtigen Kaiser von Japan gesandt und so kann es keine Unwahrheit sein. Ich will die Nachtigall hören! Sie muss heute Abend hier sein. Sie hat meine höchste Gnade! Und kommt sie nicht, so soll dem ganzen Hofstaat auf den Bauch getrampelt werden, wenn er Abendbrot gegessen hat!"

„Zu Diensten!", sagte der Edelmann und lief wieder alle Treppen hinauf und hinab, durch alle Säle und Gänge. Der halbe Hof lief mit, denn sie wollten nicht gern auf den Bauch getrampelt werden. Da gab es ein Fragen nach der merkwürdigen Nachtigall, welche die ganze Welt kannte, nur niemand bei Hofe. Endlich trafen sie ein kleines, armes Mädchen in der Küche.

Es sagte: „Ach Gott, die Nachtigall kenne ich gut. Ja, wie die singen kann! Jeden Abend habe ich Erlaubnis, meiner armen kranken Mutter Überreste vom Tisch nach Hause zu tragen. Sie wohnt unten am Strand. Wenn ich zurückgehe, müde bin und im Wald ausruhe, dann höre ich die Nachtigall singen. Es kommen mir dabei die Tränen in die Augen, und es ist, als ob meine Mutter mich küsste!"

„Kleine Köchin!", sagte der Edelmann. „Ich werde dir eine feste Anstellung in der Küche und die Erlaubnis verschaffen, den Kaiser speisen zu sehen, wenn du uns zur Nachtigall führen kannst, denn sie ist heute Abend angesagt."

So zogen alle hinaus in den Wald, wo die Nachtigall zu singen pflegte. Der halbe Hof war dabei. Als sie im allerbesten Marsche waren, fing eine Kuh zu brüllen an.

„Oh!", sagten die Hofjunker. „Nun haben wir sie! Es ist doch eine bemerkenswerte Kraft in einem so kleinen Tier! Die habe ich ganz bestimmt schon früher gehört!"

„Nein, das sind Kühe, die brüllen!", sagte die kleine Köchin. „Wir sind noch weit von dem Ort entfernt!"

Nun quakten die Frösche im Sumpf.

„Herrlich!", rief der chinesische Schlosspropst. „Nun höre ich sie. Es klingt gerade wie kleine Kirchenglocken!"

„Nein, das sind Frösche!", sagte das kleine Küchenmädchen. „Aber nun, denke ich, werden wir sie bald hören!"

Da begann die Nachtigall zu singen.

„Das ist sie!", sagte das kleine Mädchen. „Hört! Hört! Und da sitzt sie!"

Es zeigte auf einen kleinen grauen Vogel oben in den Zweigen.

„Ist es möglich?", sagte der Edelmann. „So hätte ich sie mir niemals vorgestellt! Wie einfach sie aussieht! Sie hat sicher ihre Farbe darüber verloren, dass sie so viele vornehme Menschen um sich sieht!"

„Kleine Nachtigall!", rief die kleine Köchin laut. „Unser gnädigster Kaiser wünscht, dass du vor ihm singst!"

„Mit dem größten Vergnügen!", sagte die Nachtigall und sang dann, dass es eine Freude war.

„Es klingt wie Glasglocken!", sagte der Edelmann. „Und seht die kleine Kehle, wie sie sich anstrengt! Es ist merkwürdig, dass wir sie früher nie gehört haben! Sie wird großen Erfolg bei Hofe haben!"

„Soll ich noch einmal vor dem Kaiser singen?", fragte die Nachtigall, die glaubte, der Kaiser sei auch da.

„Meine vortreffliche kleine Nachtigall!", sagte der Edelmann. „Ich habe die große Freude, Sie zu einem Hoffest heute Abend einzuladen, wo Sie Ihre hohe Kaiserliche Gnaden mit Ihrem charmanten Gesang bezaubern werden!"

„Der hört sich am besten im Grünen an!", erwiderte die Nachtigall, aber sie kam doch gern mit, als sie hörte, dass es der Kaiser wünschte.

Auf dem Schloss war alles geschmückt. Die Wände und der Fußboden, die aus Porzellan waren, glänzten im Licht vieler Tausend Goldlampen. Die herrlichsten Blumen, die recht klingeln konnten, waren in den Gängen aufgestellt. Das war ein Laufen und ein Zugwind, und alle Glocken klingelten, sodass man sein eigenes Wort nicht hören konnte.

Mitten in den großen Saal, wo der Kaiser saß, war ein goldener Stecken gestellt, auf diesem sollte die Nachtigall sitzen. Der ganze Hof war da, und die kleine Köchin hatte die Erlaubnis bekommen, hinter der Tür zu stehen, da sie nun den Titel einer wirklichen Köchin bekommen hatte. Alle trugen ihre vornehmste Kleidung, und alle sahen nach dem kleinen grauen Vogel, dem der Kaiser zunickte.

Die Nachtigall sang so herrlich, dass dem Kaiser die Tränen in die Augen traten und ihm über die Wangen rollten. Da sang die Nachtigall noch schöner, und das ging recht zu Herzen.

Der Kaiser war so froh und er sagte, die Nachtigall solle seinen goldenen Pantoffel um den Hals bekommen. Aber die Nachtigall dankte, sie habe schon Belohnung genug erhalten.

„Ich habe Tränen in des Kaisers Augen gesehen, das ist mir der reichste Schatz! Eines Kaisers Tränen haben eine wunderbare Macht. Gott weiß, ich bin genug belohnt!"

Und dann sang sie wieder mit ihrer süßen, herrlichen Stimme.

Ja, die Lakaien und Kammermädchen ließen melden, dass auch sie zufrieden seien. Das will was heißen, denn die sind am allerschwersten zufriedenzustellen. Ja, die Nachtigall machte wahrlich ihr Glück.

Sie sollte nun bei Hofe bleiben, ihren eigenen Käfig und die Freiheit haben, zweimal des Tages und einmal in der Nacht herauszuspazieren. Sie bekam dann zwölf Diener mit, welche ihr alle ein Seidenband um das Bein geschlungen hatten und sie gut festhielten. Es war durchaus kein Vergnügen bei einem solchen Ausflug.

Die ganze Stadt sprach von dem merkwürdigen Vogel, und begegneten sich zwei, so sagte der eine nichts anderes als: „Nachti…!" Und der andere antwortete: „…gall!" Dann seufzten sie und verstanden einander. Ja, elf Kinder wurden nach ihr benannt, aber nicht eins von ihnen hatte einen Ton in der Kehle.

Eines Tages kam für den Kaiser ein großes Paket, worauf geschrieben stand: Nachtigall.

„Da haben wir nun ein neues Buch über unseren berühmten Vogel!", sagte der Kaiser. Aber es war kein Buch, sondern ein kleines Kunstwerk, das in einer Schachtel lag: eine künstliche Nachtigall, die der lebendigen gleichen sollte, aber überall mit Diamanten, Rubinen und Saphiren besetzt war. Sobald man den Kunstvogel aufzog, konnte er eines der Stücke singen, die der wirkliche Vogel sang, und dann bewegte sich der Schwanz auf und nieder und glänzte von Silber und Gold. Um den Hals hing ein kleines Band, darauf stand geschrieben: „Die Nachtigall des Kaisers von Japan ist arm gegen die des Kaisers von China."

„Das ist herrlich!", sagten alle und der, welcher den künstlichen Vogel

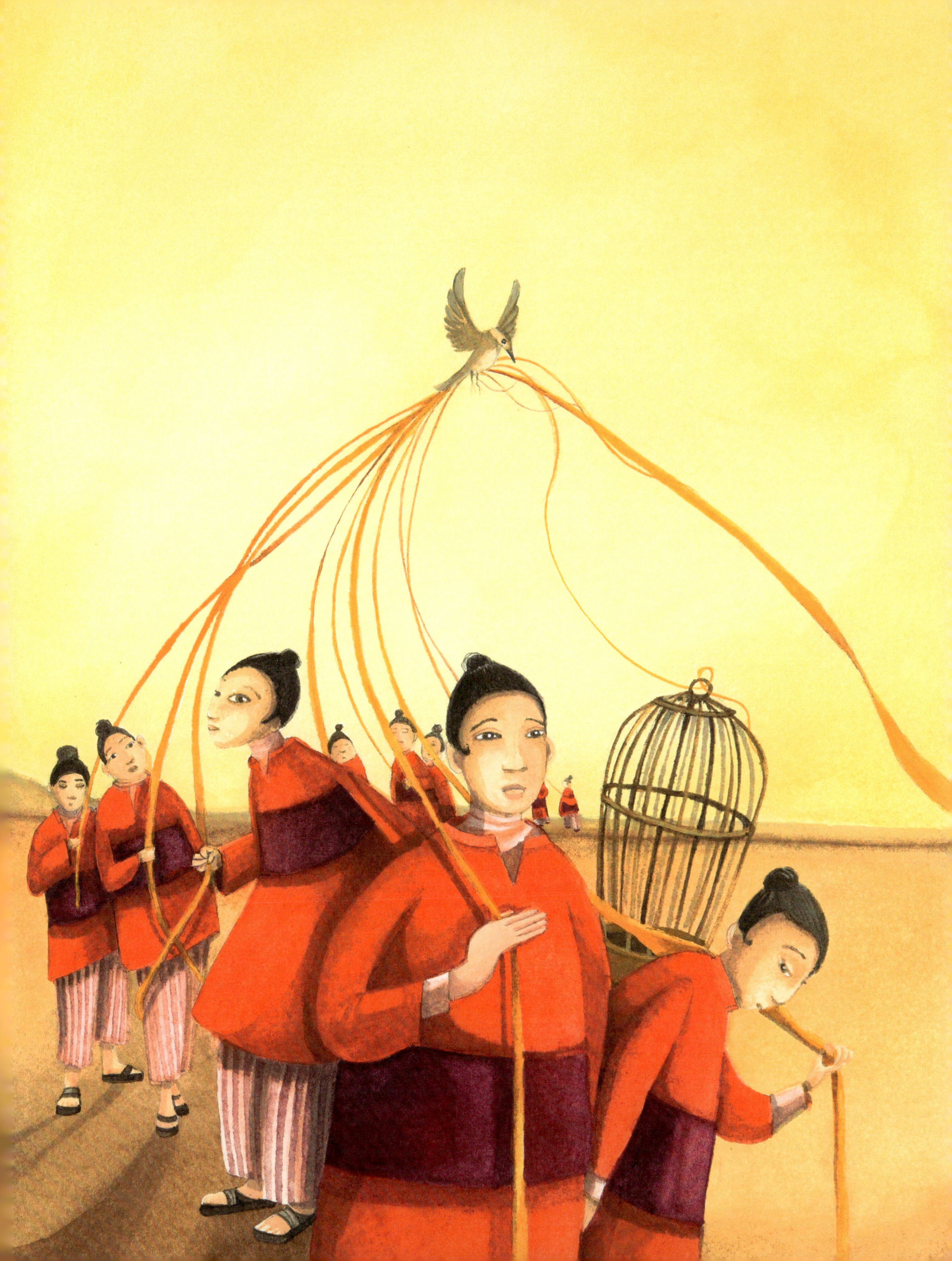

gebracht hatte, erhielt sogleich den Titel: Kaiserlicher Obernachtigallbringer.

„Nun müssen sie zusammen singen, was wird das für ein Duett werden!" Und so mussten sie zusammen singen, aber es wollte nicht richtig gehen, denn die wirkliche Nachtigall sang auf ihre Weise, und der Kunstvogel wie eine Spieluhr.

„Der hat keine Schuld", sagte der Spielmeister, „der ist besonders taktfest und ganz meine Schule!"

Nun sollte der Kunstvogel allein singen. Er machte ebenso sein Glück wie der wirkliche, und war noch viel reizender anzusehen. Er glitzerte wie Armbänder und Brustnadeln.

Dreiunddreißigmal sang er ein und dasselbe Stück und wurde doch nicht müde. Die Leute hätten ihn gern wieder aufs Neue gehört, aber der Kaiser meinte, dass nun auch die lebendige Nachtigall ein wenig singen solle. – Aber wo war die? Niemand hatte bemerkt, dass sie aus dem offenen Fenster zu ihren grünen Wäldern fortgeflogen war.

„Aber was ist denn das?", sagte der Kaiser.

Alle Hofleute schimpften und meinten, dass die Nachtigall ein höchst undankbares Tier sei. „Den besten Vogel haben wir doch!", sagten sie und so musste denn der Kunstvogel wieder singen. Es war das vierunddreißigste Mal, dass sie dasselbe Stück zu hören bekamen.

Sie konnten es noch nicht ganz auswendig, denn es war gar zu schwer. Der Spielmeister lobte den Vogel außerordentlich, ja, er versicherte, dass er besser als eine wirkliche Nachtigall sei, nicht nur was das Äußere und die vielen herrlichen Diamanten betreffe, sondern auch inwendig. „Denn sehen Sie, meine Herrschaften, der Kaiser vor allen! Bei der wirklichen Nachtigall kann man nie wissen, was kommen wird, aber bei dem Kunstvogel ist alles bestimmt! So wird es und nicht anders! Man kann es erklären, man kann ihn öffnen und dem menschlichen Denken zeigen, wie die Walzen liegen, wie sie gehen und wie das eine aus dem andern folgt."

„Das sind ganz unsere Gedanken!", sagten alle, und der Spielmeister erhielt die Erlaubnis, am nächsten Sonntag den Vogel dem Volk vorzuzeigen. Es sollte ihn auch singen hören, sagte der Kaiser. Und es hörte ihn und es wurde so vergnügt, als ob es sich an Tee berauscht hätte, denn das ist nun so ganz chinesisch. Da sagten alle: „Üh!", und hielten den Finger, den man Topflecker nennt, in die Höhe und nickten dazu. Die armen Fischer jedoch, die die wirkliche Nachtigall gehört hatten, sagten: „Das klingt zwar hübsch und auch ganz ähnlich, aber es fehlt etwas, ich weiß nicht was!"

Die wirkliche Nachtigall wurde aus dem Land und dem Reich verwiesen. Der Kunstvogel hatte seinen Platz auf einem Seidenkissen neben des Kaisers Bett. All die Geschenke, die er bekommen hatte, Gold und Edelsteine, lagen rings um ihn her, und im Titel war er zu einem „Hochkaiserlichen

Nachttischsänger" aufgestiegen, im Rang bis Nummer eins zur linken Seite. Denn der Kaiser sieht die Seite als die vornehmste an, auf der das Herz sitzt, und das Herz sitzt auch bei einem Kaiser links. Der Spielmeister schrieb ein Werk von fünfundzwanzig Bänden über den Kunstvogel. Das war so gelehrt und so lang, voll von den allerschwersten chinesischen Wörtern, dass alle Leute sagten, sie hätten es gelesen und verstanden, denn sonst wären sie ja dumm gewesen und auf den Bauch getrampelt worden.

So verging ein ganzes Jahr. Der Kaiser, der Hof und all die anderen Chinesen konnten jeden kleinen Gluck in des Kunstvogels Gesang auswendig. Aber gerade darum gefiel er ihnen nun am allerbesten. Sie konnten selbst mitsingen und das taten sie auch. Die Straßenjungen sangen: „Zizizi! Gluckgluckgluck!" Und der Kaiser sang es ebenfalls. Ja, das war gewiss herrlich. Eines Abends jedoch, als der Kunstvogel am besten sang und der Kaiser im Bett lag und zuhörte, sagte es drinnen im Vogel „Schwupp". Da sprang etwas! „Schnurrrr!" Alle Räder liefen herum und dann stand die Musik still.

Der Kaiser sprang sogleich aus dem Bett und ließ seinen Leibarzt rufen. Aber was konnte der schon helfen? Dann ließen sie den Uhrmacher holen, und nach vielem Reden und Nachsehen bekam er den Vogel etwas in Ordnung, aber er sagte, dass er sehr geschont werden müsse, denn die Zapfen seien abgenutzt, und es sei unmöglich, neue so einzusetzen, dass die Musik sicher gehe. Das war eine große Trauer! Nur einmal im Jahre durfte man den Kunstvogel singen lassen und das war schon fast zu viel. Aber dann hielt der Spielmeister eine kleine Rede voll inhaltsschwerer Worte und sagte, dass es ebenso gut sei wie früher, und dann war es ebenso gut wie früher.

Nun waren fünf Jahre vergangen und das Land trauerte, denn sie liebten im Grunde alle ihren Kaiser, und nun war er krank und würde nicht mehr lange leben, sagte man. Schon war ein neuer Kaiser gewählt. Das Volk stand draußen auf der Straße und fragte den Edelmann, wie es ihrem Kaiser gehe.

„P!", sagte er und schüttelte den Kopf.

Kalt und bleich lag der Kaiser in seinem großen prächtigen Bett. Der ganze Hof glaubte ihn tot, und jeder lief hin, den neuen Kaiser zu begrüßen. Die Kammerdiener liefen hinaus, um darüber zu schwatzen, und die Kammermädchen hatten große Kaffeegesellschaft. Ringsumher in allen Sälen und Gängen war Stoff ausgelegt, damit man keinen Fußtritt hörte, und darum war es da so still, so still!

Aber der Kaiser war noch nicht tot. Steif und bleich lag er in dem prächtigen Bett mit den langen Samtgardinen und den schweren Goldquasten. Hoch oben stand ein Fenster offen, und der Mond schien herein auf den Kaiser und den Kunstvogel.

Der arme Kaiser konnte kaum atmen. Es war, als ob etwas auf seiner Brust säße. Er schlug die Augen auf und da sah er, dass es der Tod war, der auf seiner Brust saß, sich seine goldene Krone aufgesetzt hatte und in der einen Hand des Kaisers goldenen Säbel, in der anderen seine prächtige Fahne hielt. Ringsumher aus den Falten der großen samtenen Bettgardinen sahen wunderliche Köpfe hervor, einige ganz hässlich, andere so lieblich und mild: Das waren des Kaisers böse und gute Taten, die ihn anblickten, nun, da der Tod ihm auf dem Herzen saß.

„Erinnerst du dich daran?", flüsterte einer nach dem andern.

„Erinnerst du dich daran?" Und dann erzählten sie ihm so viel, dass ihm der Schweiß von der Stirn rann.

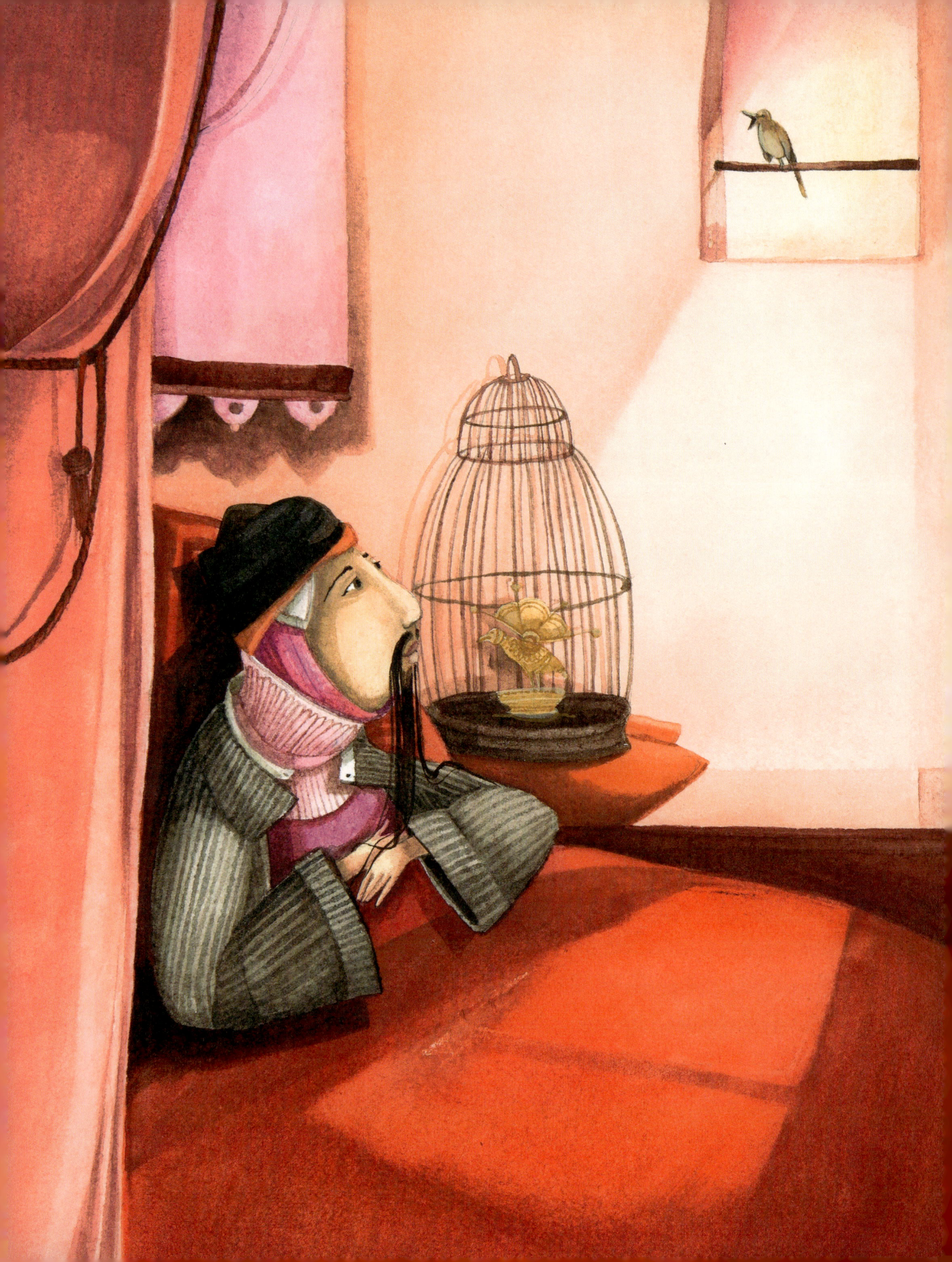

„Das habe ich nicht gewusst!", sagte der Kaiser. „Musik! Musik! Die große chinesische Trommel", rief er, „damit ich nicht alles hören muss, was sie sagen!"

Und sie fuhren fort, und der Tod nickte zu allem, was gesagt wurde.

„Musik, Musik!", schrie der Kaiser. „Du lieber kleiner Goldvogel! Singe doch, singe! Ich habe dir Gold und Kostbarkeiten gegeben. Ich habe dir selbst meinen goldenen Pantoffel um den Hals gehängt, singe doch, singe!"

Aber der Vogel blieb still. Es war niemand da, um ihn aufzuziehen, und sonst sang er nicht. Aber der Tod fuhr fort, den Kaiser mit seinen großen leeren Augenhöhlen anzustarren, und es war so still, so schrecklich still!

Da klang auf einmal vom Fenster her der herrlichste Gesang. Es war die kleine lebendige Nachtigall. Sie hatte von der Not ihres Kaisers gehört und war gekommen, ihm Trost und Hoffnung zu singen. Und wie sie sang, wurden die Gespenster bleicher und bleicher. Das Blut kreiste rascher und rascher in des Kaisers schwachem Körper, und selbst der Tod lauschte und sagte: „Fahre fort! Kleine Nachtigall, fahre fort!"

„Ja, willst du mir den prächtigen goldenen Säbel geben? Willst du mir die reiche Fahne geben? Willst du mir des Kaisers Krone geben?"

Und der Tod gab jede Kostbarkeit für einen Gesang. Die Nachtigall fuhr noch fort zu singen. Sie sang von dem stillen Kirchhof, wo die weißen Rosen wachsen, wo der Flieder duftet, und wo das frische Gras von den Tränen der Trauernden befeuchtet wird. Da bekam der Tod Sehnsucht nach seinem Garten und schwebte wie ein kalter weißer Nebel aus dem Fenster.

„Dank, Dank!", sagte der Kaiser. „Du himmlischer kleiner Vogel! Ich kenne dich! Dich habe ich aus meinem Land und Reich gejagt! Und doch hast du die bösen Gesichter von meinem Bett fortgesungen, den Tod von meinem Herzen vertrieben! Wie kann ich dich belohnen?"

„Du hast mich belohnt!", sagte die Nachtigall. „Ich habe deinen Augen Tränen entlockt, als ich das erste Mal sang, das vergesse ich dir nie. Das sind Juwelen, die ein Sängerherz erfreuen! – Aber schlafe nun und werde frisch und stark! Ich werde dir vorsingen."

Und sie sang und der Kaiser fiel in einen süßen Schlummer.

Ach! Wie mild und wohltuend war der Schlaf! Die Sonne schien durch die Fenster zu ihm herein, als er gestärkt und gesund erwachte. Keiner von seinen Dienern war zurückgekehrt, denn sie glaubten, er wäre tot. Nur die Nachtigall saß noch bei ihm und sang.

„Immer musst du bei mir bleiben!", sagte der Kaiser. „Du sollst nur singen, wenn du selbst willst, und den Kunstvogel schlage ich in tausend Stücke."

„Tue das nicht!", sagte die Nachtigall. „Der hat ja das Gute getan, das er konnte! Behalte ihn wie bisher! Ich kann im Schloss nicht wohnen, aber lass mich kommen, wenn ich selbst Lust habe, da will ich des Abends auf dem Zweig dort beim Fenster sitzen und dir vorsingen, damit du froh und gedankenvoll zugleich sein kannst. Ich werde von den Glücklichen singen und von denen, die leiden. Ich werde vom Bösen und vom Guten singen, was rings um dich her verborgen gehalten wird. Der kleine Singvogel fliegt weit umher, zu dem armen Fischer, zum Dach des Bauern, zu jedem, der weit von dir und deinem Hof entfernt ist! Ich liebe dein Herz mehr als deine Krone, und doch hat die Krone einen Duft von etwas Heiligem an sich! – Ich komme, ich singe dir vor! – Aber eins musst du mir versprechen."

„Alles!", sagte der Kaiser und stand da in seiner kaiserlichen Tracht, die er selbst angelegt hatte, und hielt den Säbel, der schwer von Gold war, an sein Herz.

„Um eines bitte ich dich! Erzähle niemand, dass du einen kleinen Vogel hast, der dir alles sagt. Dann wird es noch besser gehen!"

Da flog die Nachtigall fort.

Die Diener kamen herein, um nach ihrem toten Kaiser zu sehen – ja, da standen sie, und der Kaiser sagte: „Guten Morgen!"

Das Feuerzeug

Auf der Landstraße kam ein Soldat dahermarschiert: Eins, zwei! Eins, zwei! Er hatte einen Tornister auf dem Rücken und einen Säbel an der Seite, denn er war im Krieg gewesen und wollte nun nach Hause. Da begegnete ihm eine alte Hexe. Sie sah sehr widerlich aus. Die Unterlippe hing ihr fast bis auf die Brust hinab. Sie sagte: „Guten Abend, Soldat! Was hast du für einen feinen Säbel und großen Tornister! Du bist ein richtiger Soldat! Nun sollst du so viel Geld bekommen, wie du haben willst."
„Ich danke dir, du alte Hexe", entgegnete der Soldat.
„Siehst du den großen Baum dort?", fragte die Hexe und zeigte auf den Baum, der neben ihnen stand. „Er ist innen ganz hohl. Du musst in den Wipfel hinaufklettern, dann siehst du ein Loch, durch welches du dich hinablassen und tief in den Baum gelangen kannst. Ich werde dir einen Strick um den Leib binden, damit ich dich wieder heraufziehen kann, wenn du mich rufst."
„Was soll ich denn da unten im Baum?", fragte der Soldat.
„Geld holen!", sagte die Hexe. „Wisse, wenn du auf den Boden des Baumes kommst, dann bist du in einem großen Gang. Sehr hell ist es dort, denn Hunderte von Lampen brennen da. Dann siehst du drei Türen. Du kannst sie öffnen, der Schlüssel steckt darin. Gehst du in die erste Kammer, so

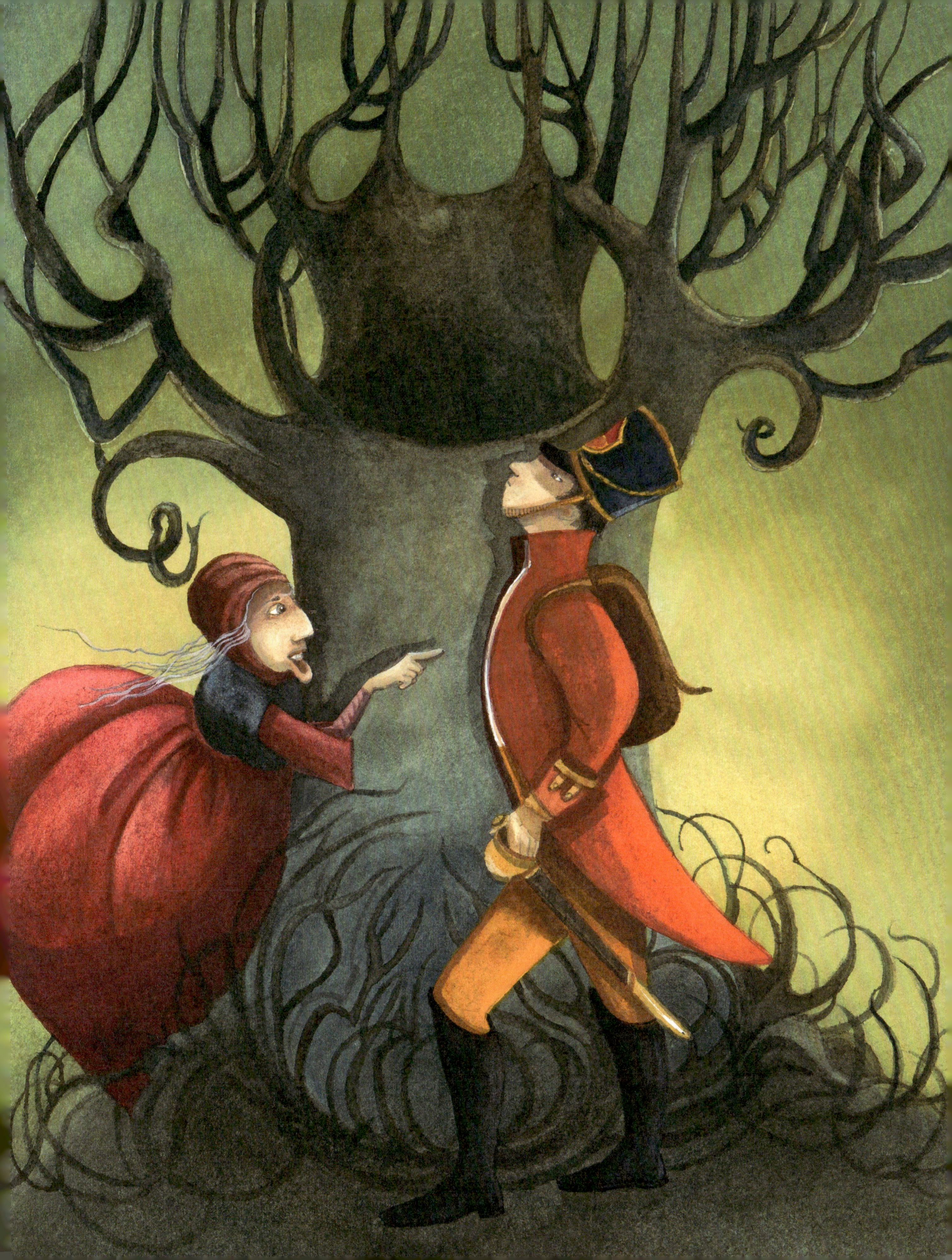

siehst du mitten auf dem Fußboden eine große Kiste, auf der ein Hund sitzt. Er hat Augen, so groß wie Teetassen, doch daran brauchst du dich nicht zu stören! Ich gebe dir meine blau karierte Schürze, die kannst du auf dem Fußboden ausbreiten. Geh rasch hin und nimm den Hund, setze ihn auf meine Schürze, öffne die Kiste und nimm so viele Schillinge, wie du willst. Sie sind alle aus Kupfer. Willst du aber lieber Silber haben, so musst du in das nächste Zimmer gehen. Aber da sitzt ein Hund, der hat Augen, so groß wie ein Paar Mühlräder. Doch daran brauchst du dich nicht zu stören, setze ihn auf meine Schürze und nimm von dem Geld! Willst du dagegen Gold haben, so wirst du es auch bekommen, und zwar so viel, wie du tragen kannst, wenn du in die dritte Kammer gehst. Aber der Hund, der dort auf dem Geldkasten sitzt, hat zwei Augen, jedes so groß wie ein Turm. Es ist ein richtiger Hund, das kannst du mir glauben! Aber daran brauchst du dich nicht zu stören! Setze ihn nur auf meine Schürze, so tut er dir nichts. Nimm aus der Kiste so viel Gold, wie du willst!"

„Das wäre so übel nicht!", sagte der Soldat. „Aber was soll ich dir geben, du alte Hexe? Denn ich kann mir denken, dass du auch etwas haben willst."

„Nein", sagte die Hexe. „Nicht einen einzigen Schilling will ich. Für mich sollst du nur ein altes Feuerzeug holen, das meine Großmutter vergaß, als sie zuletzt unten war."

„Nun, so binde mir den Strick um den Leib!", sagte der Soldat.

„Hier ist er", sagte die Hexe, „und hier ist meine blau karierte Schürze." Da kletterte der Soldat auf den Baum hinauf, ließ sich in das Loch hinunterfallen und stand, wie die Hexe gesagt hatte, unten in dem großen Gang, wo die vielen Hundert Lampen brannten.

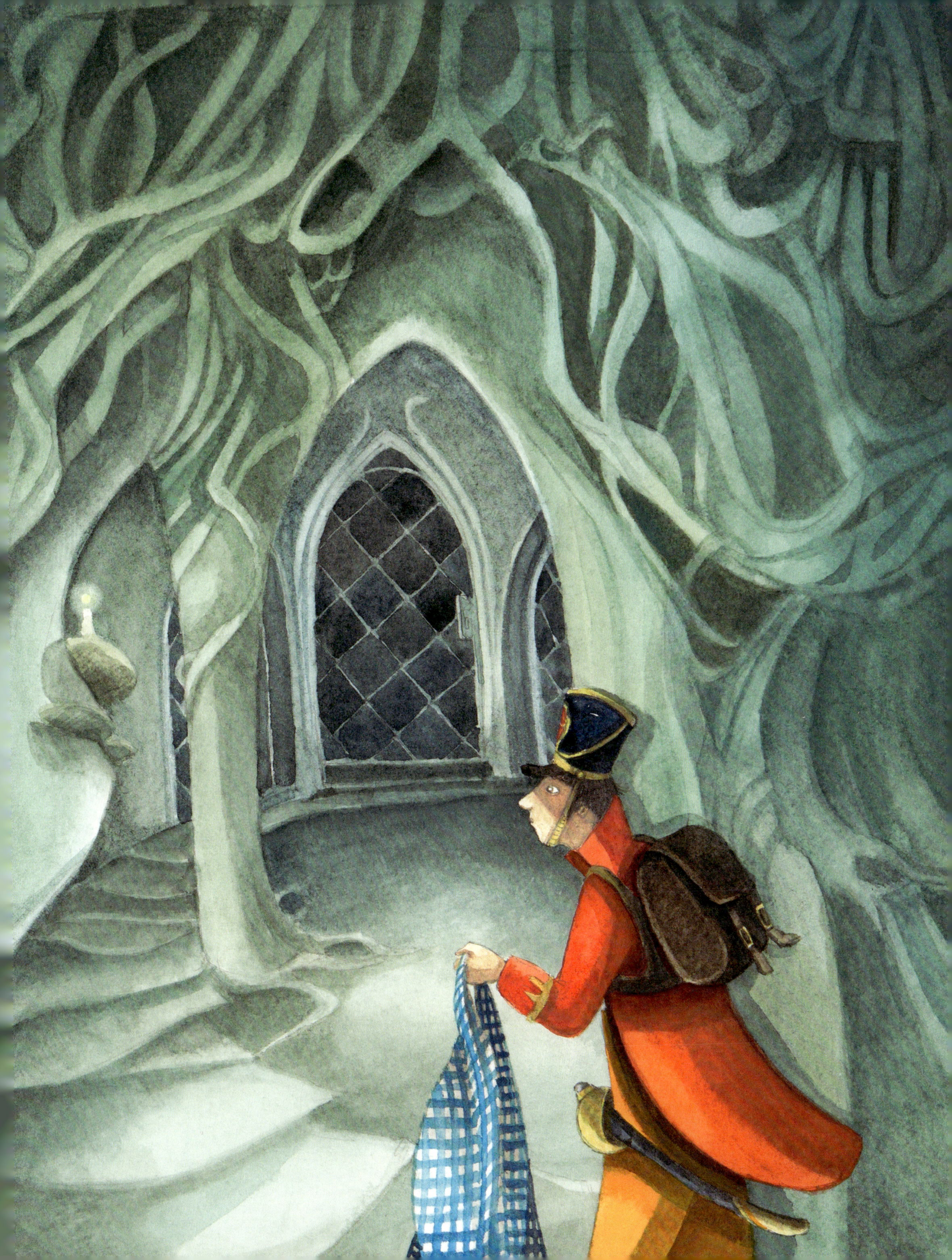

Nun schloss er die erste Tür auf. Hu! Da saß der Hund mit den Augen, so groß wie Teetassen, und glotzte ihn an.

„Du bist ein netter Kerl!", sagte der Soldat, setzte ihn auf die Schürze der Hexe und nahm so viele Kupferschillinge, wie seine Tasche fassen konnte. Dann schloss er die Kiste, setzte den Hund wieder darauf und ging in das andere Zimmer.

Richtig! Da saß der Hund mit den Augen, so groß wie ein Paar Mühlräder.

„Du sollst mich lieber nicht so groß ansehen", sagte der Soldat. „Du bekommst sonst schlimme Augen." Dann setzte er den Hund auf die Schürze der Hexe.

Als er das viele Silbergeld in der Kiste sah, warf er all das Kupfergeld, das er hatte, fort und füllte die Tasche und seinen Tornister nur mit Silber.

Nun ging er in die dritte Kammer. – Nein, das war grässlich! Der Hund darin hatte wirklich zwei Augen, jedes so groß wie ein runder Turm, die drehten sich im Kopfe genau wie Räder.

„Guten Abend!", sagte der Soldat und griff an die Mütze, denn einen solchen Hund hatte er vorher nie gesehen. Als er ihn aber etwas betrachtet hatte, dachte er, nun sei es genug, hob ihn auf den Fußboden herunter und machte die Kiste auf.

Gott bewahre! Was war da für eine Menge Gold! Er konnte dafür ganz Kopenhagen und die Zuckerferkel, alle Zinnsoldaten, Peitschen und Schaukelpferde in der ganzen Welt kaufen. Ja, das war wirklich Gold! Nun warf der Soldat alle Silberschillinge fort, mit denen er seine Taschen und seinen Tornister gefüllt hatte, und nahm dafür Gold. Ja, alle Taschen, der Tornister, die Mütze und die Stiefel wurden gefüllt, sodass er kaum gehen konnte. Nun hatte er Geld!

Den Hund setzte er auf die Kiste, schlug die Tür zu und rief dann durch den Baum hinauf: „Zieh mich nun hoch, du alte Hexe!"

„Hast du auch das Feuerzeug?", fragte die Hexe.

„Wahrhaftig", sagte der Soldat, „das hätte ich ganz vergessen!"

Dann ging er und holte es. Die Hexe zog ihn herauf und da stand er wieder auf der Landstraße: Taschen, Stiefel, Tornister und Mütze voll Gold.

„Was willst du mit dem Feuerzeug?", fragte der Soldat.

„Das geht dich nichts an", sagte die Hexe. „Du hast ja Geld bekommen. Gib mir nur das Feuerzeug!"

„Schnick, schnack!", erwiderte der Soldat. „Wirst du mir gleich sagen, was du damit machen willst? Sonst ziehe ich meinen Säbel und schlage dir den Kopf ab!"

„Nein!", sagte die Hexe.

Sogleich schlug der Soldat ihr den Kopf ab. Da lag sie! Er aber band all sein Gold in ihre Schürze, nahm es wie ein Bündel auf seinen Rücken, steckte das Feuerzeug in die Tasche und ging geradewegs zur Stadt.

Das war eine prächtige Stadt! In dem prachtvollsten Wirtshaus kehrte er ein, verlangte die allerbesten Zimmer und seine Lieblingsspeisen. Denn nun war er ja reich, weil er so viel Geld hatte.

Dem Diener, der seine Stiefel putzen sollte, kam es freilich vor, als wären es lächerlich alte Stiefel für so einen reichen Herrn. Aber der Soldat hatte sich noch keine neuen gekauft. Am nächsten Tage bekam er Stiefel, mit denen er sich sehen lassen konnte, und feine Kleider. Nun war der Soldat ein vornehmer Herr geworden, und die Leute erzählten ihm von all den Herrlichkeiten in ihrer Stadt, und von ihrem König und welch niedliche Prinzessin seine Tochter sei.

„Wo kann man sie zu sehen bekommen?", fragte der Soldat.

„Man kann sie gar nicht zu sehen bekommen!", sagten alle. „Sie wohnt in einem großen Kupferschloss mit vielen Mauern und Türmen ringsherum. Niemand außer dem König darf bei ihr ein und aus gehen, denn es ist prophezeit, dass sie einen einfachen Soldaten heiraten wird, und das kann der König nicht dulden."

„Die möchte ich wohl sehen!", dachte der Soldat, aber dazu konnte er durchaus keine Erlaubnis bekommen.

Nun lebte er sehr vergnügt, besuchte das Theater, fuhr in des Königs Park und gab den Armen viel Geld und das war nett von ihm. Er wusste ja noch aus alten Tagen, wie schlimm es ist, nicht einen Schilling zu besitzen. Er war jetzt reich, hatte schöne Kleider und sehr viele Freunde, die alle sagten, er sei ein feiner Herr, ein richtiger Edelmann. Das hörte der Soldat gern. Aber da er jeden Tag Geld ausgab und nie etwas einnahm, so hatte er zuletzt nicht mehr als zwei Schillinge übrig. Er musste die schönen Zimmer verlassen, in denen er gewohnt hatte, und oben in einer winzig kleinen Kammer ganz dicht unter dem Dach wohnen, seine Stiefel selbst putzen und sie mit einer Stopfnadel zusammennähen. Keiner seiner Freunde kam zu ihm, denn es waren zu viele Treppen hinaufzusteigen.

Es war dunkler Abend und er konnte sich nicht einmal ein Licht kaufen. Da fiel ihm ein, dass er ja das Feuerzeug hatte, das er aus dem hohlen Baum mitgenommen hatte, in den die Hexe ihm hinunterhalf. Er suchte das Feuerzeug hervor. Aber als er Feuer schlug und die Funken aus dem Feuerstein flogen, sprang die Tür auf, und der Hund, der Augen so groß wie Teetassen hatte und den er unten im Baum gesehen, stand vor ihm und fragte: „Was befiehlt mein Herr?"

„Was ist das?", sagte der Soldat. „Das ist ja ein lustiges Feuerzeug, wenn ich so bekommen kann, was ich haben will! – Schaffe mir etwas Geld!", sagte er zum Hund, und husch!, war der Hund fort, husch!, war er wieder da und hielt einen großen Beutel voll Schillingen in seiner Schnauze.

Nun wusste der Soldat, was für ein herrliches Feuerzeug das war! Schlug er einmal, so kam der Hund, der auf der Kiste mit Kupfergeld saß. Schlug er zweimal, so kam der, welcher das Silbergeld hatte. Und schlug er dreimal, so kam der, welcher das Gold bewachte. Nun zog der Soldat wieder in die schönen Zimmer hinunter und erschien von Neuem in schönen Kleidern. Alle seine Freunde erkannten in sogleich wieder und hielten große Stücke auf ihn.

Da dachte er einmal: „Es ist doch seltsam, dass man die Prinzessin nicht zu sehen bekommen kann. Sie soll sehr schön sein, sagen alle. Aber was hilft das, wenn sie immer in dem großen Kupferschloss mit den vielen Türmen sitzen muss? Kann ich sie denn gar nicht zu sehen bekommen? Wo ist nur mein Feuerzeug?"
Und so schlug er Feuer, und husch!, da kam der Hund mit den Augen so groß wie Teetassen.
„Es ist freilich mitten in der Nacht", sagte der Soldat, „aber ich möchte herzlich gern die Prinzessin nur einen kleinen Augenblick sehen!"
Der Hund war sogleich aus der Tür, und ehe der Soldat sichs versah, kam er mit der Prinzessin wieder. Sie saß auf dem Rücken des Hundes und schlief und war so schön, dass ein jeder sehen konnte: Es war wirklich eine Prinzessin. Der Soldat konnte nicht anders, er musste sie küssen, denn er war ein richtiger Soldat.
Darauf lief der Hund mit der Prinzessin wieder zurück.
Als es Morgen wurde und der König und die Königin Tee tranken, sagte die Prinzessin, sie hätte in der Nacht einen wunderlichen Traum von einem Hund und einem Soldaten gehabt. Sie wäre auf dem Hunde geritten, und der Soldat hätte sie geküsst.
„Das wäre wahrlich eine schöne Geschichte!", sagte die Königin.
Nun sollte in der nächsten Nacht eine der alten Hofdamen am Bett der Prinzessin wachen, um zu sehen, ob es wirklich ein Traum war oder was es sonst sein könnte.
Der Soldat sehnte sich so schrecklich danach, die schöne Prinzessin wiederzusehen, und so kam denn der Hund in der Nacht, holte sie und lief, so schnell er konnte.

Aber die alte Hofdame zog Stiefel an und lief ebenso schnell hinterher. Als sie nun sah, dass sie in einem großen Haus verschwanden, dachte sie: „Nun weiß ich, wo es ist", und machte mit einem Stück Kreide ein großes Kreuz an die Tür. Dann ging sie nach Hause und legte sich nieder. Später kam auch der Hund mit der Prinzessin wieder. Sobald er aber sah, dass ein Kreuz an die Tür des Hauses gemacht war, wo der Soldat wohnte, nahm er auch ein Stück Kreide und machte Kreuze an alle Haustüren in der Stadt.

Das war klug getan, denn nun konnte die Hofdame die richtige Tür nicht finden, da an allen Kreuze waren.

Frühmorgens kamen der König und die Königin, die alte Hofdame und alle Offiziere, um zu sehen, wo die Prinzessin gewesen war.

„Da ist es!", sagte der König, als er die erste Tür mit einem Kreuz daran sah.

„Nein, dort ist es, mein lieber Mann!", sagte die Königin, als sie die zweite Tür mit einem Kreuze sah.

„Aber da ist eins und dort ist eins!", sagten alle. Wohin sie blickten, war ein Kreuz an den Türen. Da begriffen sie wohl, dass ihnen das Suchen nichts helfen würde.

Die Königin war nun eine sehr kluge Frau, die mehr konnte, als in einer Kutsche fahren. Sie nahm ihre große goldene Schere, schnitt ein großes Stück Seide in Stücke und nähte daraus einen kleinen, niedlichen Beutel. Den füllte sie mit feiner Buchweizengrütze, band ihn der Prinzessin auf den Rücken, und als das getan war, schnitt sie ein kleines Loch in den Beutel, sodass die Grütze den ganzen Weg bestreuen konnte, den die Prinzessin nahm.

In der Nacht kam nun der Hund wieder, nahm die Prinzessin auf den Rücken und lief mit ihr zu dem Soldaten hin, der sie sehr lieb hatte und gern ein Prinz gewesen wäre, um sie zur Frau zu bekommen. Der Hund merkte nicht, wie die Grütze vom Schloss bis zu dem Fenster des Soldaten herausfiel, wo er die Mauer mit der Prinzessin hinauflief.

Am Morgen sahen der König und die Königin sehr wohl, wo ihre Tochter gewesen war. Und sie nahmen den Soldaten und warfen ihn ins Gefängnis.

Da saß er nun. Hu, wie dunkel und langweilig war es dort!
Und sie sagten zu ihm: „Morgen wirst du gehängt!" Das zu hören war nicht vergnüglich und sein Feuerzeug hatte er im Gasthof vergessen. Am Morgen konnte er durch das Eisengitter vor dem kleinen Fenster beobachten, wie das Volk aus der Stadt eilte, um ihn hängen zu sehen. Er hörte die Trommeln und sah die Soldaten marschieren. Alle Menschen liefen hinaus. Darunter war auch ein Schusterjunge. Der lief so schnell, dass ihm ein Pantoffel wegflog und gerade gegen die Mauer, wo der Soldat saß und durch das Eisengitter hinausguckte.

„Ei, du Schusterjunge, du brauchst nicht solche Eile zu haben!", sagte der Soldat zu ihm. „Es geht doch nicht los, bevor ich komme. Aber wenn du dorthin läufst, wo ich gewohnt habe, und mir mein Feuerzeug holst, dann bekommst du vier Schillinge. Du musst jedoch die Beine in die Hand nehmen!"

Der Schusterjunge wollte gern die vier Schillinge haben und holte das Feuerzeug, gab es dem Soldaten, und – ja, nun werden wir hören!

Draußen vor der Stadt war ein großer Galgen gebaut. Ringsherum standen die Soldaten und viele Hunderttausend Menschen. Der König und die Königin saßen auf einem prächtigen Thron den Richtern und dem ganzen Rat gegenüber. Der Soldat stand schon oben auf der Leiter, aber als sie ihm den Strick um den Hals legen wollten, sagte er, dass man ja immer einem armen Sünder, bevor er seine Strafe erleide, die Erfüllung eines unschuldigen Wunsches gewähre. Er möchte so gern eine Pfeife Tabak rauchen. Es wäre ja die letzte Pfeife, die er in dieser Welt bekäme.

Da wollte nun der König nicht Nein sagen, und so nahm der Soldat sein Feuerzeug und schlug Feuer, eins, zwei, drei! Und siehe, da standen alle drei

Hunde: der mit den Augen so groß wie Teetassen, der mit den Augen so groß wie Mühlräder und der mit Augen so groß wie runde Türme.

„Helft mir, dass ich nicht gehängt werde", sagte der Soldat, und die Hunde fielen über die Richter und den ganzen Rat her, nahmen den einen bei den Beinen und den andern bei der Nase und warfen sie hoch in die Luft, sodass sie niederfielen und in lauter Stücke zersprangen.

„Ich will nicht!", sagte der König, aber der größte Hund nahm sowohl ihn wie die Königin und warf sie den andern nach. Da erschraken die Soldaten und das Volk rief: „Lieber Soldat, du sollst unser König sein und die schöne Prinzessin haben!"

Dann setzten sie den Soldaten in des Königs Kutsche, alle drei Hunde tanzten voran und riefen: „Hurra!" Die Knaben pfiffen auf den Fingern und die Soldaten präsentierten das Gewehr. Die Prinzessin kam aus dem Kupferschloss und wurde Königin, und das gefiel ihr gut! Die Hochzeit dauerte acht Tage, und die Hunde saßen mit bei Tisch und machten große Augen.

Was Vater tut, ist immer recht

Nun will ich dir eine Geschichte erzählen, die ich hörte, als ich noch klein war. Jedes Mal wenn ich später daran dachte, schien sie mir immer schöner zu werden. Denn es geht mit Geschichten ebenso wie mit vielen Menschen: Sie werden mit zunehmendem Alter schöner und schöner, und das ist so erfreulich!

Du bist doch wohl gewiss auf dem Land gewesen und hast ein richtiges altes Bauernhaus mit Strohdach gesehen? Moos und Kräuter wachsen dort von selbst. Ein Storchennest ist auf dem Dachfirst, denn ein Storch darf nicht fehlen. Die Wände sind schief, die Fenster niedrig und nur ein einziges kann geöffnet werden. Der Backofen ragt wie ein kleiner dicker Bauch hervor, und der Fliederbusch hängt über den Zaun, wo gerade unter dem verkrüppelten Weidenbaum eine kleine Wasserpfütze mit einer Ente und ihren Jungen ist. Ja, und dann ist da ein Hofhund, der alle und jeden anbellt. Gerade so ein Bauernhaus war draußen auf dem Land, und darin wohnten ein paar alte Leute, ein Bauer und seine Frau. Wie wenig sie auch hatten, besaßen sie doch ein Pferd, das am Graben der Landstraße graste.

Der alte Bauer ritt zur Stadt auf diesem Pferd. Oft liehen es auch seine Nachbarn von ihm aus und erwiesen den alten Leuten manchen anderen Dienst dafür. Aber es schien ihnen besser, das Pferd zu verkaufen oder

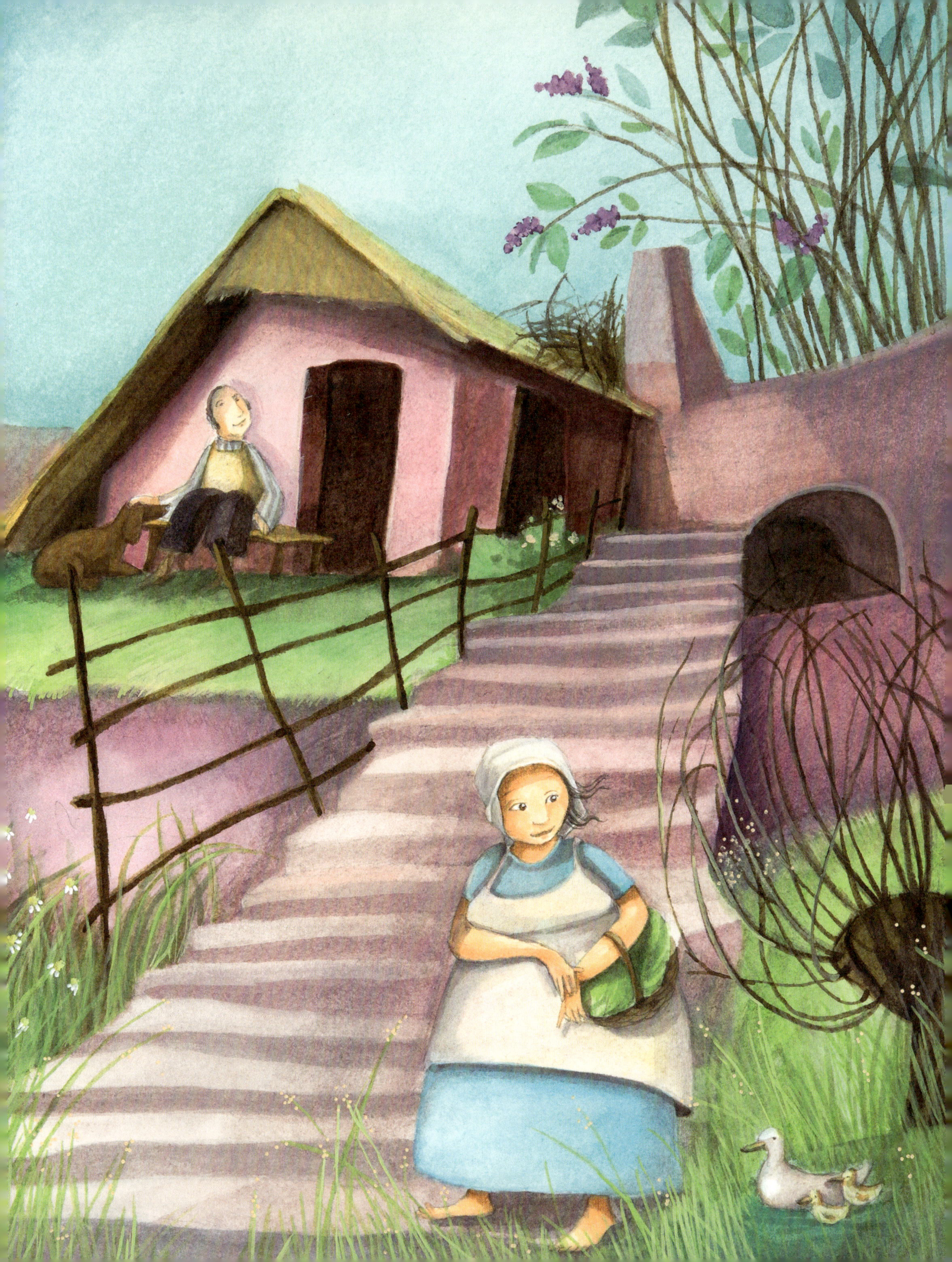

es gegen etwas anderes einzutauschen, was ihnen mehr Nutzen einbrächte. Nur was sollte das sein?

„Das weißt du am besten, Vater!", sagte die Frau. „Jetzt ist Markt in der Stadt. Reite hin, lass dir Geld für das Pferd geben oder mache einen guten Tausch! Was du tust, ist immer recht. Reite zum Markt!"

Dann band sie ihm sein Halstuch um, denn das konnte sie besser als er. Sie band es mit einer doppelten Schleife, das sah so flott aus, und dann strich sie seinen Hut mit der flachen Hand glatt und küsste ihn auf seinen warmen Mund, und dann ritt er auf dem Pferd von dannen. Ja, der Alte verstand es!

Die Sonne brannte, keine Wolke war am Himmel zu sehen. Auf dem Weg staubte es, denn es waren viele Marktleute unterwegs, zu Wagen, zu Pferd und auf ihren eigenen Beinen. Es war eine Sonnenglut und es gab keinen Schatten auf dem Weg.

Da ging einer und trieb eine Kuh vor sich her, die war so hübsch, wie eine Kuh nur sein kann. „Die gibt gewiss auch schöne Milch!", dachte der Bauer. „Das wäre ein ganz guter Tausch."

„Weißt du was, du mit der Kuh!", sagte er. „Wollen wir beide nicht ein bisschen miteinander sprechen? Ein Pferd, sollte ich meinen, kostet mehr als eine Kuh. Aber das ist mir einerlei, ich habe mehr Nutzen von der Kuh. Wollen wir nicht tauschen?"

„Jawohl!", sagte der Mann mit der Kuh und dann tauschten sie.

Nun war es abgemacht und da hätte der Bauer wieder umkehren können. Er hatte ja erreicht, was er wollte. Aber da er sich nun einmal vorgenommen hatte, auf den Markt zu gehen, so wollte er auch hin, nur um ihn sich anzusehen, und so ging er mit seiner Kuh weiter. Er schritt rasch daher und die Kuh lief rasch nebenher und nach kurzer Zeit waren sie einem Mann zur Seite, der ein Schaf führte. Es war ein schönes Schaf, in gutem Futterzustand und mit guter Wolle.

„Das hätte ich doch gerne!", dachte der Bauer. Es würde ihm an unserm Grabenrand nicht an Gras fehlen, und im Winter könnte man es zu sich in die Stube nehmen. Eigentlich wäre es richtiger für uns, ein Schaf zu halten statt einer Kuh. „Wollen wir tauschen?"

Ja, das wollte der Mann sehr wohl, der das Schaf hatte. Der Tausch wurde gemacht und der Bauer ging mit seinem Schaf auf der Landstraße weiter. Dort an der Wegkreuzung sah er einen Mann, der eine große Gans unter dem Arm trug.

„Das ist ein schweres Ding, das du da hast", sagte der Bauer, „es hat Federn und Fett! Es würde sich bei uns am Strick bei unserer Wasserpfütze gut machen! Da hätte Mutter doch etwas, wofür sie Abfälle sammeln könnte. Sie hat oft gesagt, wenn wir doch eine Gans hätten! Nun könnte sie eine haben und sie soll sie haben. Willst du tauschen? Ich gebe dir das Schaf für die Gans und schönen Dank dazu."

Ja, das wollte der andere gern, und so tauschten sie. Der Bauer bekam die Gans.

Jetzt war er nahe an der Stadt. Das Gedränge auf der Landstraße nahm zu, da war ein Gewimmel von Volk und Vieh. Sie gingen auf dem Weg und am Graben entlang, gerade bis in den Kartoffelacker des Schlagbaumwärters hinein, wo sein Huhn angebunden war, um sich nicht vor Schreck zu verirren und zu verschwinden. Es war ein stumpfsinniges Huhn, blinzelte mit einem Auge und sah gut aus. „Gluck, Gluck!", sagte es.

Was es sich dabei dachte, kann ich nicht sagen, aber als der Bauer es sah, dachte er: „Das ist das schönste Huhn, das ich je gesehen habe, es ist sogar schöner als des Pfarrers Bruthenne, das hätte ich doch gerne! Ein Huhn findet immer ein Körnchen, es kann fast selbst für sich sorgen. Ich glaube, es wäre ein guter Tausch, wenn ich es für die Gans bekäme." – „Wollen wir tauschen?", fragte er. „Tauschen?", sagte der andere. „Ja, das wäre nicht übel!" Und dann tauschten sie. Der Schlagbaumwärter bekam die Gans, der Bauer kriegte das Huhn. Nun hatte er eine ganze Menge auf der Reise zur Stadt erreicht. Es war heiß und er war müde. Ein Schnaps und ein Bissen Brot würden ihn aufmuntern. Als er aber zur Schenke hineinwollte, wollte der Hausknecht gerade hinaus, er traf ihn in der Tür mit einem bis obenhin vollgestopften Sack.

„Was hast du da?", fragte der Bauer.

„Faule Äpfel!", antwortete der Knecht. „Einen ganzen Sack voll für die Schweine."

„Das ist ja eine gefährliche Menge. Den Anblick gönnte ich Mutter. Wir hatten im vorigen Jahr nur einen einzigen Apfel an dem alten Baum beim Torfstall. Der Apfel musste aufgehoben werden und er blieb auf der Kommode liegen, bis er ganz verdarb. Das ist doch immerhin Wohlstand, sagte unsere Mutter. Hier könnte sie aber erst Wohlstand sehen! Ja, das würde ich ihr gönnen!"

„Was wollt ihr mir dafür geben?", fragte der Knecht.

„Was ich geben will? Ich gebe mein Huhn zum Tausch." Und dann gab er dem Knecht das Huhn, bekam die Äpfel und ging in die Schenke hinein. Seinen Sack mit den Äpfeln stellte er an den Ofen, der eingeheizt war, aber das bedachte er nicht. Es waren viele Gäste da: Pferdehändler, Ochsenhändler und zwei Engländer. Die waren so reich, dass ihre Taschen von Goldstücken strotzten. Sie machten Wetten, das sollst du nun hören.

„Suss! Suss!"

Was war das für ein Geräusch am Ofen?

Die Äpfel begannen zu braten.

„Was ist denn das?"

Ja, das bekamen sie bald zu erfahren! Und nun erzählte der Bauer die ganze Geschichte von dem Pferd, das er gegen die Kuh tauschte, hinab bis zu den faulen Äpfeln.

„Na, du kriegst Knüffe von Mutter, wenn du nach Hause kommst!", sagten die Engländer. „Das gibt Krach!"

„Ich kriege Küsse und keine Knüffe!", sagte der Bauer. „Meine Frau wird sagen: Was Vater tut, ist immer recht."

„Wollen wir wetten?", sagten die Engländer. „Goldstücke tonnenweise! Hundert Pfund sind ein Schiffspfund!"

„Ein Scheffel voll ist schon genug", sagte der Bauer, „ich kann nur den Scheffel mit Äpfeln dagegensetzen, und mich selbst und Mutter auch, aber das ist dann mehr als ein gestrichenes Maß, das ist ein gehäuftes Maß!"

„Die Wette gilt!", sagten sie und so war die Wette abgeschlossen.

Der Wagen des Wirts fuhr vor, die Engländer stiegen auf, der Bauer stieg ein, die faulen Äpfel kamen mit, und dann kamen sie zum Hause des Bauern.

„Guten Abend, Mutter!"

„Guten Abend, Vater!"

„Der Tausch wäre gemacht!"

„Ja, du verstehst deine Sache!", sagte die Frau, fasste ihn um den Hals und beachtete weder den Sack noch die Fremden.

„Ich habe das Pferd für eine Kuh eingetauscht."

„Gott sei Dank, die schöne Milch!", sagte die Frau. „Nun können wir Milchsuppe, Butter und Käse auf dem Tisch haben! Das war ein herrlicher Tausch!"

„Ja, aber die Kuh habe ich wieder gegen ein Schaf vertauscht."

„Das ist bestimmt besser!", sagte die Frau. „Du denkst immer an alles. Für ein Schaf haben wir gerade Weide genug. Nun können wir Schafmilch und Schafkäse und wollene Strümpfe, ja, auch wollene Nachtjacken bekommen! Das gibt die Kuh nicht, sie verliert ja die Haare! Du bist ein sehr bedachtsamer Mann!"

„Aber das Schaf habe ich gegen eine Gans vertauscht!"

„Wollen wir in diesem Jahr eine Martinsgans haben, Väterchen? Du denkst immer daran, mir eine Freude zu machen. Die Gans kann am Strick gehen und wird noch fetter werden bis zum Martinstag!"

„Aber die Gans habe ich gegen ein Huhn eingetauscht!", sagte der Mann.

„Ein Huhn! Das war ein guter Tausch!", sagte die Frau. „Das Huhn legt Eier, die brütet es aus, wir bekommen Küken, wir bekommen einen ganzen Hühnerhof! Das habe ich mir gerade so sehr gewünscht!"

„Ja, aber das Huhn habe ich gegen einen Sack fauler Äpfel getauscht!"

„Nun muss ich dich erst recht küssen!", sagte die Frau. „Dank, du lieber Mann! Nun muss ich etwas erzählen. Als du fort warst, dachte ich nach, wie ich dir eine richtige Mahlzeit machen könnte: Eierkuchen mit Schnittlauch. Die Eier hatte ich, der Schnittlauch fehlte mir. So ging ich hinüber zu Schulmeisters, die haben Schnittlauch, das weiß ich, aber die Frau ist geizig, die alte Person. Ich bat sie, mir etwas Schnittlauch zu leihen. ‚Leihen?', sagte sie. ‚Nichts wächst in unserem Garten, nicht einmal ein fauler Apfel! Nicht einmal den kann ich Ihnen leihen!' Nun kann ich ihr zehn, ja, einen ganzen

Sack voll leihen. Das ist ein Spaß, Vater!" Und dann küsste sie ihn mitten auf den Mund.

„Das gefällt uns!", sagten die Engländer. „Immer bergab und immer lustig. Das ist schon das Geld wert!"

Und nun zahlten sie ein Schiffspfund Goldstücke an den Bauer, der Küsse und keine Knüffe bekam.

Ja, es lohnt sich immer, wenn die Frau einsieht und erklärt, dass der Mann der Klügste ist und das, was er tut, stets das Rechte ist.

Seht, das ist nun eine Geschichte! Ich habe sie schon als Kind gehört und nun hast du sie auch gehört und weißt: Was Vater tut, ist immer recht.

Däumelinchen

Es war einmal eine Frau, die sehr gern ein winzig kleines Kind haben wollte, aber sie wusste nicht, woher sie es bekommen sollte. Da ging sie zu einer alten Hexe und sagte zu ihr: „Ich möchte so herzlich gern ein kleines Kind haben. Kannst du mir nicht sagen, woher ich das bekommen kann?"

„Oh! Damit wollen wir schon fertig werden!", sagte die Hexe. „Da hast du ein Gerstenkorn. Das ist nicht von der Art wie die, welche auf dem Feld des Bauern wachsen oder die Hühner zu fressen bekommen. Lege es in einen Blumentopf, so wirst du etwas zu sehen bekommen!"

„Ich danke dir!", sagte die Frau, gab der Hexe zwölf Schillinge, ging heim und pflanzte das Gerstenkorn. Sogleich wuchs da eine herrliche große Blume, die ganz wie eine Tulpe aussah. Aber die Blätter schlossen sich dicht zusammen, als ob sie noch in der Knospe wären.

„Das ist eine niedliche Blume!", sagte die Frau und küsste sie auf die hübschen roten und gelben Blätter. Gerade als sie sie küsste, tat die Blume einen großen Knall und öffnete sich. Es war wirklich eine Tulpe, wie man nun sehen konnte, aber mitten in der Blume saß auf dem grünen Stuhl ein winzig kleines Mädchen, so fein und niedlich! Es war kaum einen halben Daumen hoch, und darum wurde es Däumelinchen genannt.

Eine niedliche lackierte Walnussschale bekam Däumelinchen als Wiege, blaue Veilchenblätter waren ihre Matratzen und ein Rosenblatt ihr Deckbett. Da schlief sie des Nachts. Tagsüber spielte sie auf dem Tisch, wo die Frau einen Teller hingestellt und ringsum mit einem Kranz von Blumen belegt hatte, deren Stängel im Wasser standen. Darin schwamm ein großes Tulpenblatt und auf diesem konnte Däumelinchen sitzen und von der einen Seite des Tellers zur anderen fahren. Zum Rudern hatte sie zwei weiße Pferdehaare. Das sah wirklich wunderhübsch aus! Sie konnte auch singen, so fein und niedlich, wie man es niemals gehört hatte.

Eines Nachts, als sie in ihrem hübschen Bett lag, kam eine hässliche Kröte durch das Fenster hereingehüpft, in dem eine Scheibe entzwei war. Die Kröte war sehr garstig, groß und nass. Sie hüpfte gerade auf den Tisch hinab, wo Däumelinchen lag und unter dem roten Rosenblatt schlief.

„Das wäre eine schöne Frau für meinen Sohn!", sagte die Kröte. Dann nahm sie die Walnussschale, worin Däumelinchen schlief, und hüpfte mit ihr durchs Fenster in den Garten hinunter.

Da floss ein großer, breiter Bach, aber das Ufer war sumpfig und morastig. Hier wohnte die Kröte mit ihrem Sohn. Hu! Der war hässlich und garstig und glich ganz seiner Mutter! „Koax, koax, brekkekekex!" Das war alles, was er sagen konnte, als er das niedliche kleine Mädchen in der Walnussschale sah.

„Sprich nicht so laut, denn sonst wacht sie auf!", sagte die alte Kröte. „Sie könnte uns noch fortlaufen, denn sie ist so leicht wie ein Schwanenflaum! Wir wollen sie auf eins der breiten Seerosenblätter in den Bach hinaussetzen. Das ist für sie, die so leicht und klein ist, wie eine Insel! Da kann sie nicht davonlaufen, während wir das Prunkzimmer unter dem Morast, wo ihr wohnen sollt, instand setzen."

Draußen im Bach wuchsen viele Seerosen mit breiten grünen Blättern, die aussahen, als schwämmen sie oben auf dem Wasser. Das Blatt, das am weitesten draußen lag, war auch das allergrößte. Dort schwamm die alte Kröte hinaus und setzte die Walnussschale mit Däumelinchen darauf.

Die arme Kleine erwachte frühmorgens, und als sie sah, wo sie war, fing sie recht bitterlich an zu weinen. Auf allen Seiten des großen grünen Blattes war Wasser und sie konnte gar nicht ans Land kommen.

Die alte Kröte saß unten im Morast und putzte ihre Stube mit Schilf und gelben Fischblattblumen aus. Es sollte da recht hübsch für die neue Schwiegertochter werden. Dann schwamm sie mit dem garstigen Sohn zum Blatt hinaus, wo Däumelinchen saß. Sie wollten ihr hübsches Bett in die Brautkammer stellen, bevor sie selbst dorthin kam. Die alte Kröte verneigte sich tief im Wasser vor ihr und sagte: „Hier siehst du meinen Sohn. Er wird dein Mann sein und ihr werdet recht prächtig unten im Morast wohnen!"

„Koax, koax, brekkekekex!", war alles, was der Sohn sagen konnte.

Dann nahmen sie das niedliche kleine Bett und schwammen damit fort. Däumelinchen aber saß ganz allein auf dem grünen Blatt und weinte, denn sie wollte nicht bei der garstigen Kröte wohnen oder ihren hässlichen Sohn zum Mann haben. Die kleinen Fische, die unten im Wasser schwammen, hatten die Kröte wohl gesehen und auch gehört, was sie gesagt hatte, darum steckten sie die Köpfe zum Wasser heraus, um das kleine Mädchen zu sehen. Sobald sie es zu sehen bekamen, fanden sie es sehr niedlich, und es tat ihnen leid, dass es zur garstigen Kröte hinuntersollte. Nein, das durfte niemals geschehen!

Sie versammelten sich unten im Wasser rings um den grünen Stiel, der das Blatt hielt, auf dem Däumelinchen stand. Mit den Zähnen nagten sie den

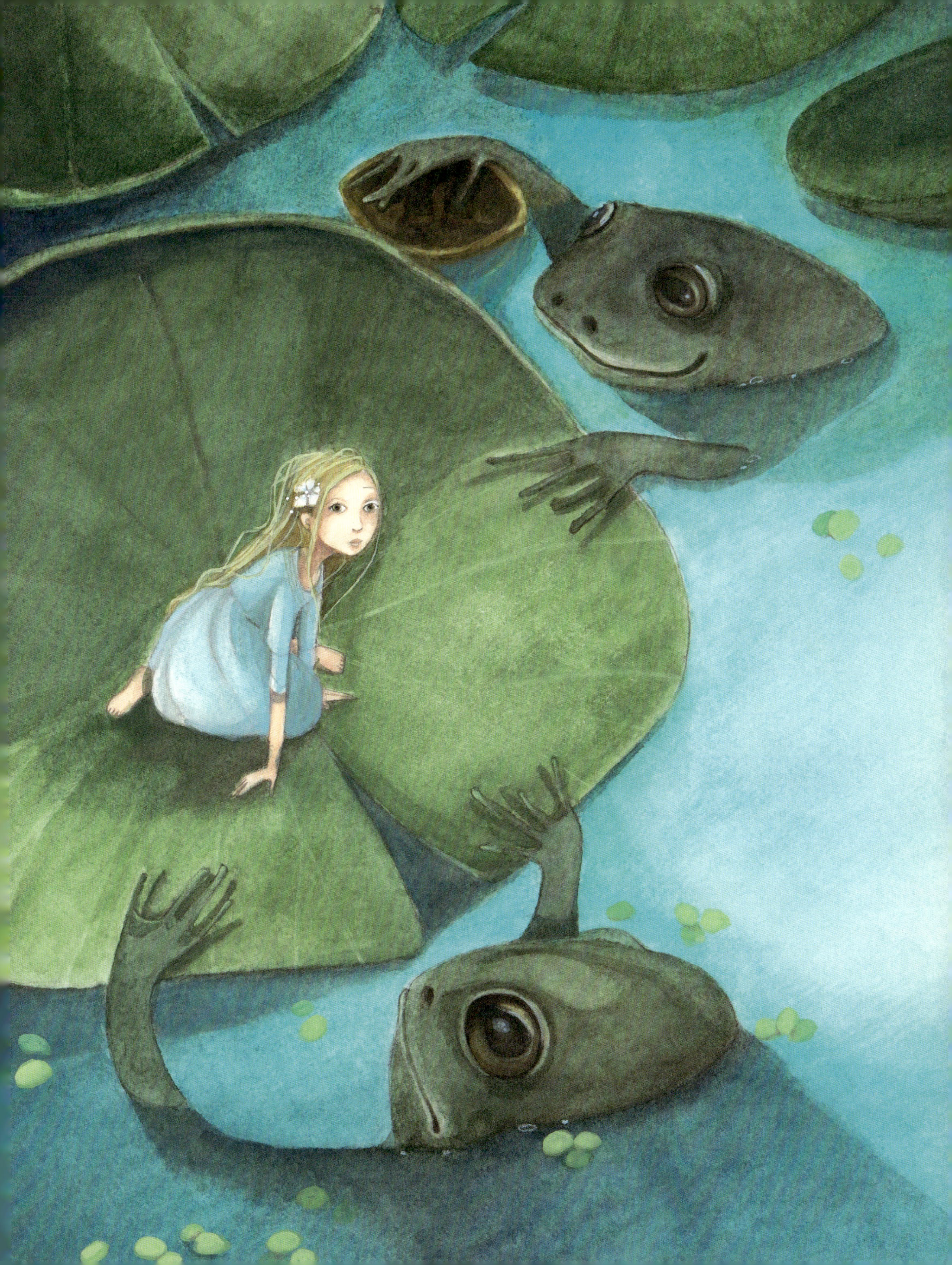

Stiel ab, und da schwamm das Blatt den Bach hinab und Däumelinchen davon, weit fort, wo die Kröte sie nicht erreichen konnte.

Däumelinchen segelte an vielen Städten vorbei, und die kleinen Vögel saßen in den Büschen, sahen sie und sangen: „Welch niedliches kleines Mädchen!" Das Blatt schwamm mit ihr weiter und weiter fort. So reiste Däumelinchen außer Landes.

Ein reizender kleiner weißer Schmetterling umflatterte sie und ließ sich zuletzt auf das Blatt nieder, denn Däumelinchen gefiel ihm und sie war sehr fröhlich, weil die Kröte sie nicht mehr erreichen konnte. Es war herrlich dort, wo sie dahintrieb. Die Sonne schien auf das Wasser und dieses glänzte wie das herrlichste Gold. Däumelinchen nahm ihren Gürtel und band das eine Ende um den Schmetterling, das andere Ende befestigte sie am Blatt. Das glitt nun viel schneller davon und sie auch, denn sie stand ja darauf.

Da kam ein großer Maikäfer angeflogen, der erblickte sie und schlang augenblicklich seine Beine um ihren schlanken Leib und flog mit ihr auf den Baum. Das grüne Blatt schwamm den Bach hinab, und der Schmetterling flog mit, denn er war ja an das Blatt gebunden und konnte sich nicht befreien.

Gott, wie war Däumelinchen erschrocken, als der Maikäfer mit ihr auf den Baum flog, aber am allermeisten war sie doch über den schönen weißen Schmetterling betrübt, den sie an das Blatt gebunden hatte. Wenn er nun nicht loskommen könnte, müsste er ja verhungern. Aber darum kümmerte sich der Maikäfer nicht. Er setzte sich mit ihr auf den Baum, gab ihr das Süße der Blumen zu essen und sagte, dass sie so niedlich sei, obgleich sie einem Maikäfer kein bisschen ähnlich sei. Später kamen alle andern Maikäfer, die im Baum wohnten, und machten Besuch. Sie betrachteten

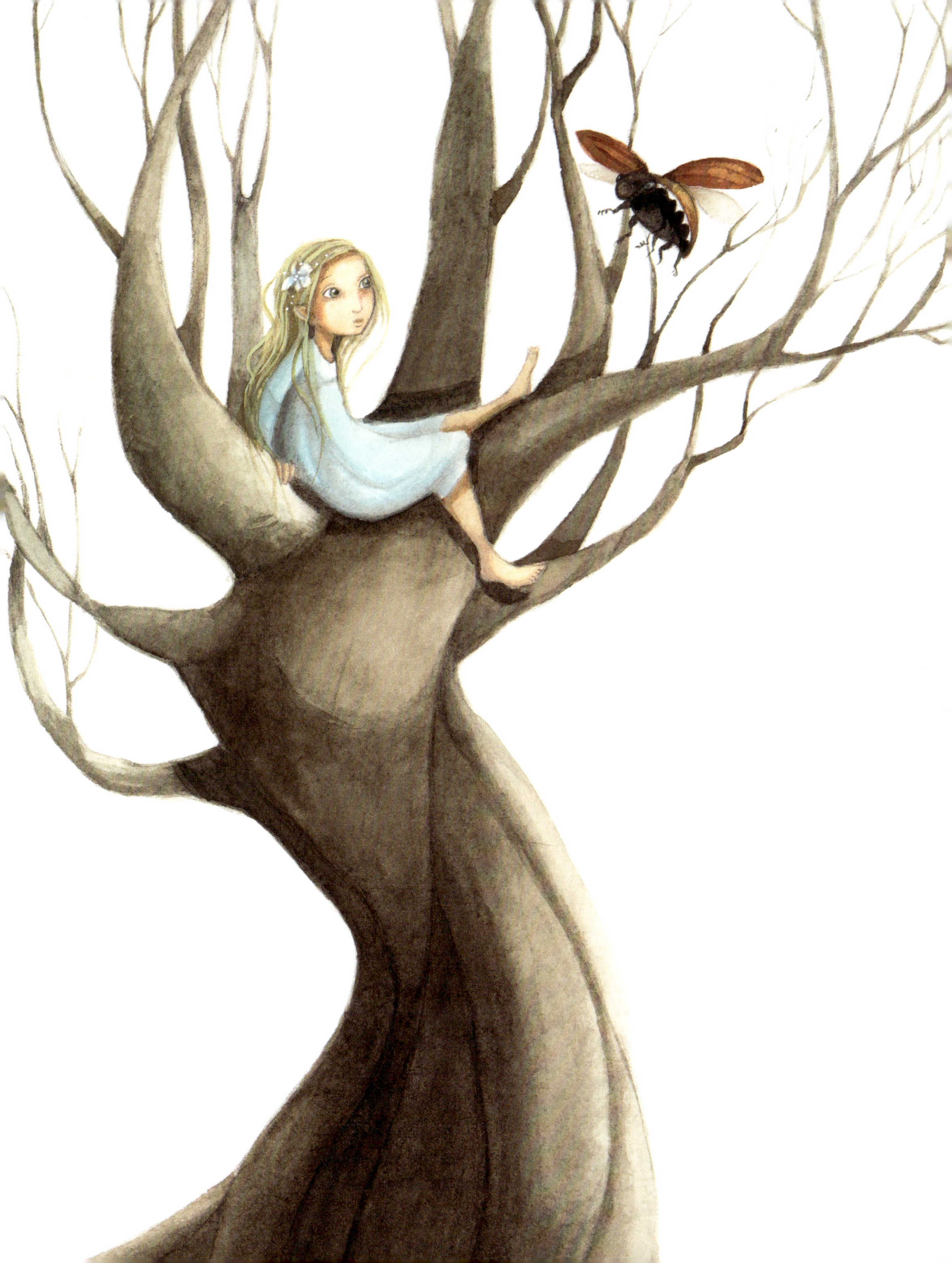

Däumelinchen, und die Maikäferfräulein rümpften die Fühlhörner und sagten: „Sie hat doch nicht mehr als zwei Beine, das sieht erbärmlich aus!"

„Sie hat keine Fühlhörner!", sagten andere.

„Sie ist so schlank in der Taille, pfui! Sie sieht wie ein Mensch aus! Wie hässlich sie ist!", sagten alle Maikäferdamen, und doch war Däumelinchen so niedlich. Das meinte auch der Maikäfer, der sie mitgenommen hatte. Aber als alle anderen sagten, sie sei hässlich, glaubte er es zuletzt auch und wollte sie nicht mehr haben. Sie könne gehen, wohin sie wolle.

Nun flogen sie mit ihr den Baum hinab und setzten sie auf ein Gänseblümchen. Da weinte Däumelinchen, weil sie so hässlich sei, dass die Maikäfer sie nicht haben wollten, und doch war sie das Lieblichste, was man sich denken konnte, so fein und zart, wie das schönste Rosenblatt.

Den ganzen Sommer über lebte Däumelinchen ganz allein in dem großen Wald. Sie flocht sich ein Bett aus Grashalmen und hängte es unter einem großen Sauerampferblatt auf, so war sie vor dem Regen geschützt. Sie pflückte das Süße der Blumen zur Speise und trank vom Tau, der jeden Morgen auf den Blättern stand. So vergingen Sommer und Herbst. Aber nun kam der Winter, der kalte, lange Winter. Alle Vögel, die so schön für sie gesungen hatten, flogen davon. Bäume und Blumen verwelkten.

Das große Sauerampferblatt, unter dem sie gewohnt hatte, rollte sich zusammen, und es blieb nichts als ein gelber verwelkter Stängel zurück. Sie fror schrecklich, denn ihre Kleider waren zerrissen. Sie war so fein und klein, das arme Däumelinchen: Sie musste erfrieren.

Es begann zu schneien und jede Schneeflocke, die auf sie fiel, war, als wenn man auf uns eine ganze Schaufel voll würfe. Denn wir sind groß, und sie war nur einen Daumen lang.

Da hüllte sie sich in ein dürres Blatt, aber das wollte nicht wärmen, sie zitterte vor Kälte.

Gleich vor dem Wald, in den sie gekommen war, lag ein großes Kornfeld. Das Korn war seit Langem abgeerntet, nur die nackten, trockenen Stoppeln standen aus der gefrorenen Erde heraus. Die waren für sie wie ein ganzer Wald. Oh, wie zitterte sie vor Kälte! Da kam sie vor die Tür der Feldmaus, die ein kleines Loch unter den Kornstoppeln hatte. Dort wohnte die Feldmaus warm und gut, hatte die ganze Stube voll Korn, eine herrliche Küche und Speisekammer. Das arme Däumelinchen stellte sich in die Tür, gerade wie ein armes Bettelmädchen, und bat um ein kleines Stück von einem Gerstenkorn, denn sie hatte seit zwei Tagen nicht das Mindeste zu essen bekommen.

„Du arme Kleine!", sagte die Feldmaus, denn im Grunde war es eine gute alte Feldmaus. „Komm herein in meine warme Stube und speise mit mir!"

Da ihr nun Däumelinchen gefiel, sagte sie: „Du kannst gern den Winter über bei mir bleiben, aber du musst meine Stube fein sauber halten und mir Geschichten erzählen, denn die liebe ich sehr."

Däumelinchen tat, was die gute alte Feldmaus verlangte, und hatte es dafür außerordentlich gut.

„Nun bekommen wir bald Besuch!", sagte die Feldmaus. „Mein Nachbar pflegt mich alle Tage zu besuchen. Er sitzt noch besser in seinen vier Wänden als ich, hat große Säle und trägt einen schönen schwarzen Samtpelz. Wenn du den zum Mann haben könntest, dann wärst du gut versorgt.

Aber er kann nicht sehen. Du musst ihm die schönsten Geschichten erzählen, die du weißt!"

Doch darum kümmerte sich Däumelinchen nicht. Sie wollte den Nachbarn gar nicht haben, denn er war ja ein Maulwurf.

Dieser kam und stattete in seinem schwarzen Samtpelz Besuch ab. Er sei so reich und so gelehrt, sagte die Feldmaus. Seine Wohnung war über zwanzigmal größer als die der Feldmaus und Gelehrsamkeit besaß er, aber die Sonne und die schönen Blumen mochte er nicht. Von diesen sprach er schlecht, denn er hatte sie niemals gesehen. Däumelinchen musste singen, und sie sang „Maikäfer, flieg!". Da verliebte sich der Maulwurf in ihre schöne Stimme, aber er sagte nichts, denn er war ein besonnener Mann.

Er hatte sich vor Kurzem einen langen Gang durch die Erde von seinem bis zu ihrem Haus gegraben. Hier durften die Feldmaus und Däumelinchen spazieren gehen, wenn sie wollten. Aber er bat sie, sich nicht vor dem toten Vogel zu fürchten, der in dem Gang läge. Es war ein Vogel mit Federn und Schnabel, der sicher erst kürzlich, als der Winter kam, gestorben war und nun begraben lag, gerade dort, wo der Maulwurf seinen Gang gemacht hatte.

Der Maulwurf nahm ein Stück faules Holz ins Maul, denn das schimmert im Dunkeln wie Feuer, ging voran und leuchtete ihnen in dem langen finsteren Gang. Als sie dahin kamen, wo der tote Vogel lag, stemmte der Maulwurf seine breite Nase gegen die Decke und stieß die Erde auf, sodass ein großes Loch entstand, durch welches das Licht herunterscheinen konnte.

Mitten auf dem Boden lag eine tote Schwalbe, die schönen Flügel fest an

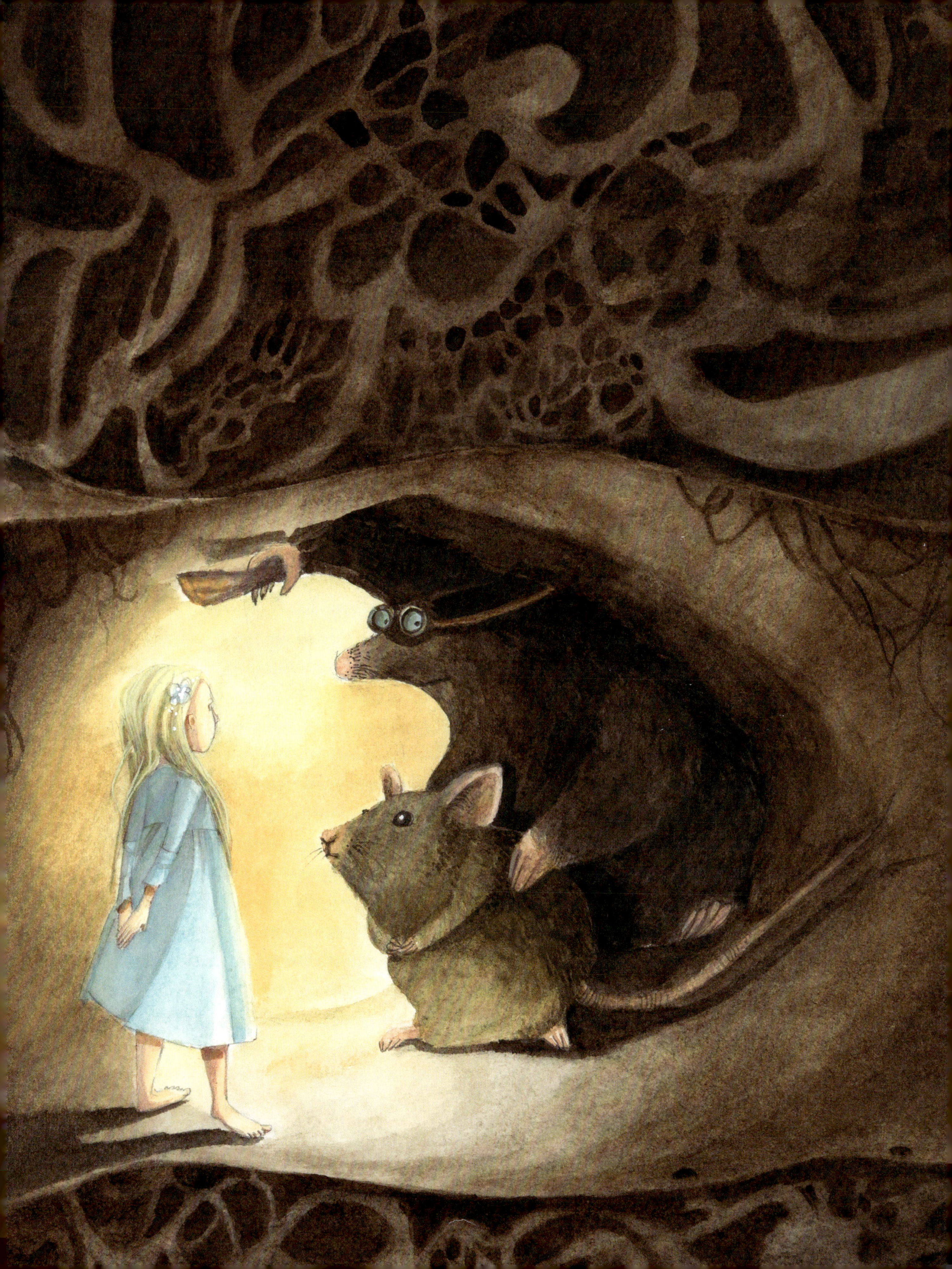

den Leib gedrückt, die Füße und den Kopf unter die Federn gezogen. Der arme Vogel war sicher vor Kälte gestorben. Das tat Däumelinchen so leid, sie hatte alle kleinen Vögel so gern, denn sie hatten ihr ja den ganzen Sommer so schön vorgesungen und gezwitschert. Der Maulwurf aber stieß ihn mit seinen kurzen Beinen an und sagte: „Nun pfeift er nicht mehr! Es muss doch erbärmlich sein, als kleiner Vogel geboren zu werden! Gott sei Dank, dass keins von meinen Kindern so was wird. Ein solcher Vogel hat ja nichts außer seinem Quivit und muss im Winter verhungern!"

„Ja, das mögt Ihr als vernünftiger Mann wohl sagen", sprach die Feldmaus. „Was hat der Vogel von all seinem Quivit, wenn der Winter kommt? Er muss hungern und frieren. Doch das soll wohl gar vornehm sein!"

Däumelinchen sagte nichts. Als aber die beiden andern dem Vogel den Rücken zuwandten, beugte sie sich herab, schob die Federn zur Seite, die den Kopf bedeckten, und küsste ihn auf die geschlossenen Augen.

„Vielleicht war er es, der mir im Sommer so hübsch vorgesungen hat", dachte sie. „Wie viel Freude hat er mir gemacht, der liebe, schöne Vogel!"

Der Maulwurf stopfte nun das Loch zu, durch das der Tag hereinschien, und begleitete dann die Damen nach Hause.

In der Nacht konnte Däumelinchen nicht schlafen, sie stand auf und flocht aus Heu einen großen schönen Teppich. Den trug sie hin, breitete ihn über den toten Vogel aus und legte weiche Baumwolle, die sie in der Stube der Feldmaus gefunden hatte, um den Vogel, damit er in der kalten Erde warm liegen möge.

„Leb wohl, du schöner, kleiner Vogel!", sagte sie. „Leb wohl und hab Dank für deinen herrlichen Gesang im Sommer, als alle Bäume grün waren und die Sonne warm auf uns herabschien!"

Dann legte sie ihr Haupt an des Vogels Brust, erschrak aber zugleich, denn es war, als ob drinnen etwas klopfte. Poch, poch! Das war des Vogels Herz. Der Vogel war nicht tot, er lag nur betäubt da, war nun erwärmt worden und bekam wieder Leben.

Im Herbst fliegen alle Schwalben fort nach den warmen Ländern, aber ist eine da, die sich verspätet, dann friert sie so, dass sie wie tot niederstürzt und liegen bleibt, wohin sie fällt. Der kalte Schnee bedeckt sie.

Däumelinchen zitterte ordentlich. So erschrocken war sie, denn der Vogel war ja groß, sehr groß gegen sie, die nur einen Daumen lang war. Aber sie fasste doch Mut, legte die Baumwolle dichter um die arme Schwalbe, holte ein Krauseminzblatt, welches sie selbst als Deckbett gehabt hatte, und legte es über des Vogels Kopf.

In der nächsten Nacht schlich sie sich wieder zu ihm, und da war er lebendig, aber so matt, dass er nur einen kleinen Augenblick seine Augen öffnen und Däumelinchen ansehen konnte, die mit einem Stück faulem Holz in der Hand vor ihm stand, denn eine andere Laterne hatte sie nicht.

„Ich danke dir, du niedliches kleines Kind!", sagte die kranke Schwalbe zu ihr. „Ich bin so herrlich erwärmt worden! Bald bekomme ich meine Kräfte wieder und kann dann draußen im warmen Sonnenschein herumfliegen!"

„Oh!", sagte sie. „Es ist kalt draußen, es schneit und friert! Bleib nur in deinem warmen Bett, ich werde dich schon pflegen!"

Dann brachte sie der Schwalbe Wasser in einem Blumenblatt, und sie trank und erzählte ihr, wie sie sich einen Flügel an einem Dornenbusch gerissen habe und darum nicht so schnell fliegen konnte wie die anderen Schwalben, welche fort, weit fort nach den warmen Ländern geflogen seien. Sie sei zuletzt auf die Erde gefallen, aber an mehr könne sie sich nicht erinnern und wisse gar nicht, wie sie hierhergekommen sei.

Den ganzen Winter blieb sie nun da unten, und Däumelinchen pflegte sie und hatte sie sehr lieb. Weder der Maulwurf noch die Feldmaus erfuhren etwas davon, denn sie mochten ja die arme Schwalbe nicht leiden.

Sobald das Frühjahr kam und die Sonne die Erde erwärmte, sagte die Schwalbe Däumelinchen Lebewohl und sie öffnete das Loch, das der Maulwurf oben gemacht hatte. Die Sonne schien so herrlich zu ihnen herein, und die Schwalbe fragte, ob sie mitkommen wolle, sie könne auf ihrem Rücken sitzen. Sie wollten weit in den grünen Wald hineinfliegen. Aber Däumelinchen wusste, dass es die alte Feldmaus betrüben würde, wenn sie sie verließe.

„Nein, ich kann nicht!", sagte Däumelinchen.

„Leb wohl, leb wohl, du gutes niedliches Mädchen", sagte die Schwalbe und flog hinaus in den Sonnenschein. Däumelinchen sah ihr nach und große Tränen traten in ihre Augen, denn sie hatte die arme Schwalbe so lieb.

„Quivit, quivit!", sang der Vogel und flog in den grünen Wald. Däumelinchen war sehr traurig. Sie bekam keine Erlaubnis, in den warmen Sonnenschein hinauszugehen. Das Korn, das auf dem Feld über dem Haus der Feldmaus gesät war, wuchs hoch in die Luft empor. Das war ein dichter Wald für das arme kleine Mädchen, das ja nur einen Daumen lang war.

„Du musst nun im Sommer an deiner Aussteuer nähen!", sagte die Feldmaus zu ihr, denn der Nachbar, der langweilige Maulwurf in dem schwarzen Samtpelz, hatte um sie angehalten. „Du sollst Wolle und Leinen haben! Es darf an nichts fehlen, wenn du des Maulwurfs Frau wirst!" Däumelinchen musste die Spindel drehen, und die Feldmaus stellte vier Spinnen ein, die Tag und Nacht für sie spinnen und weben mussten. Jeden Abend machte der Maulwurf Besuch und sprach dann immer davon, dass am Ende des Sommers die Sonne nicht mehr so warm scheinen würde, die jetzt die Erde so fest wie einen Stein brenne. Ja, wenn der Sommer vorbei sei, dann wolle er mit Däumelinchen Hochzeit halten. Aber sie war gar nicht froh, denn sie mochte den langweiligen Maulwurf nicht leiden. Jeden Morgen, wenn die Sonne aufging, und jeden Abend, wenn sie unterging, schlich sie sich zur Tür hinaus, und wenn dann der Wind die Kornähren trennte, sodass sie den blauen Himmel sehen konnte, dachte sie, wie hell und schön es hier draußen war, und wünschte sich sehnlichst, die liebe Schwalbe wiederzusehen.

Aber sie kam nicht zurück. Sie war gewiss weit fort in den schönen grünen Wald geflogen.

Als es nun Herbst wurde, hatte Däumelinchen ihre ganze Aussteuer fertig. „In vier Wochen sollst du Hochzeit halten!", sagte die Feldmaus zu ihr. Aber Däumelinchen weinte und sagte, sie wolle den langweiligen Maulwurf nicht haben.

„Schnickschnack!", sagte die Feldmaus. „Sei nicht widerspenstig, denn sonst beiß ich dich mit meinen weißen Zähnen! Es ist doch ein schöner Mann, den du bekommst! Nicht einmal die Königin hat solch einen schwarzen Samtpelz! Er hat Küche und Keller voll. Danke Gott dafür!"

Nun sollte die Hochzeit sein. Der Maulwurf war schon gekommen, um Däumelinchen zu holen. Sie sollte mit ihm tief unter der Erde wohnen und niemals in die warme Sonne hinauskommen, denn die mochte er nicht leiden. Die arme Kleine war so betrübt. Sie sollte nun der schönen Sonne Lebewohl sagen, die sie doch bei der Feldmaus von der Tür aus sehen durfte.

„Lebe wohl, du helle Sonne!", sagte Däumelinchen, streckte die Arme hoch empor und ging ein wenig vor dem Haus der Feldmaus weiter, denn nun war das Korn geerntet, und hier standen nur die trockenen Stoppeln.

„Lebe wohl, lebe wohl!", sagte sie und schlang ihre Arme um eine kleine rote Blume. „Grüße die kleine Schwalbe von mir, wenn du sie zu sehen bekommst!"

„Quivit, quivit!", ertönte es plötzlich über ihrem Kopf. Sie sah empor. Es war die kleine Schwalbe, die gerade vorbeikam.

Als sie Däumelinchen sah, war sie sehr erfreut. Diese erzählte ihr, wie ungern sie den garstigen Maulwurf zum Mann haben wolle und dass sie dann tief unter der Erde wohnen solle, wo niemals die Sonne scheine. Und dabei musste sie weinen.

„Nun kommt der kalte Winter", sagte die kleine Schwalbe, „ich fliege weit fort nach den warmen Ländern. Willst du mit mir kommen? Du kannst auf meinem Rücken sitzen. Binde dich nur mit deinem Gürtel fest, dann fliegen wir von dem hässlichen Maulwurf und seiner dunklen Stube fort, weit fort, über die Berge, nach den warmen Ländern, wo die Sonne schöner scheint als hier, wo es immer Sommer ist und wo es herrliche Blumen gibt. Fliege nur mit mir, du liebes kleines Däumelinchen, die du mein Leben gerettet hast, als ich erfroren in dem dunklen Erdkeller lag."

„Ja, ich werde mit dir ziehen!", sagte Däumelinchen, setzte sich auf des Vogels Rücken, mit den Füßen auf seine Flügel und band ihren Gürtel an einer der stärksten Federn fest. Dann flog die Schwalbe hoch in die Luft hinauf, über Wald und See, hoch hinauf über die großen Berge, wo immer Schnee liegt. Däumelinchen fror in der kalten Luft, aber sie verkroch sich unter die warmen Federn des Vogels und steckte nur den kleinen Kopf heraus, um all die Schönheiten unter sich zu sehen.

So kamen sie in die warmen Länder. Dort schien die Sonne viel heller als hier, der Himmel war zweimal so hoch und auf Gräben und Hecken

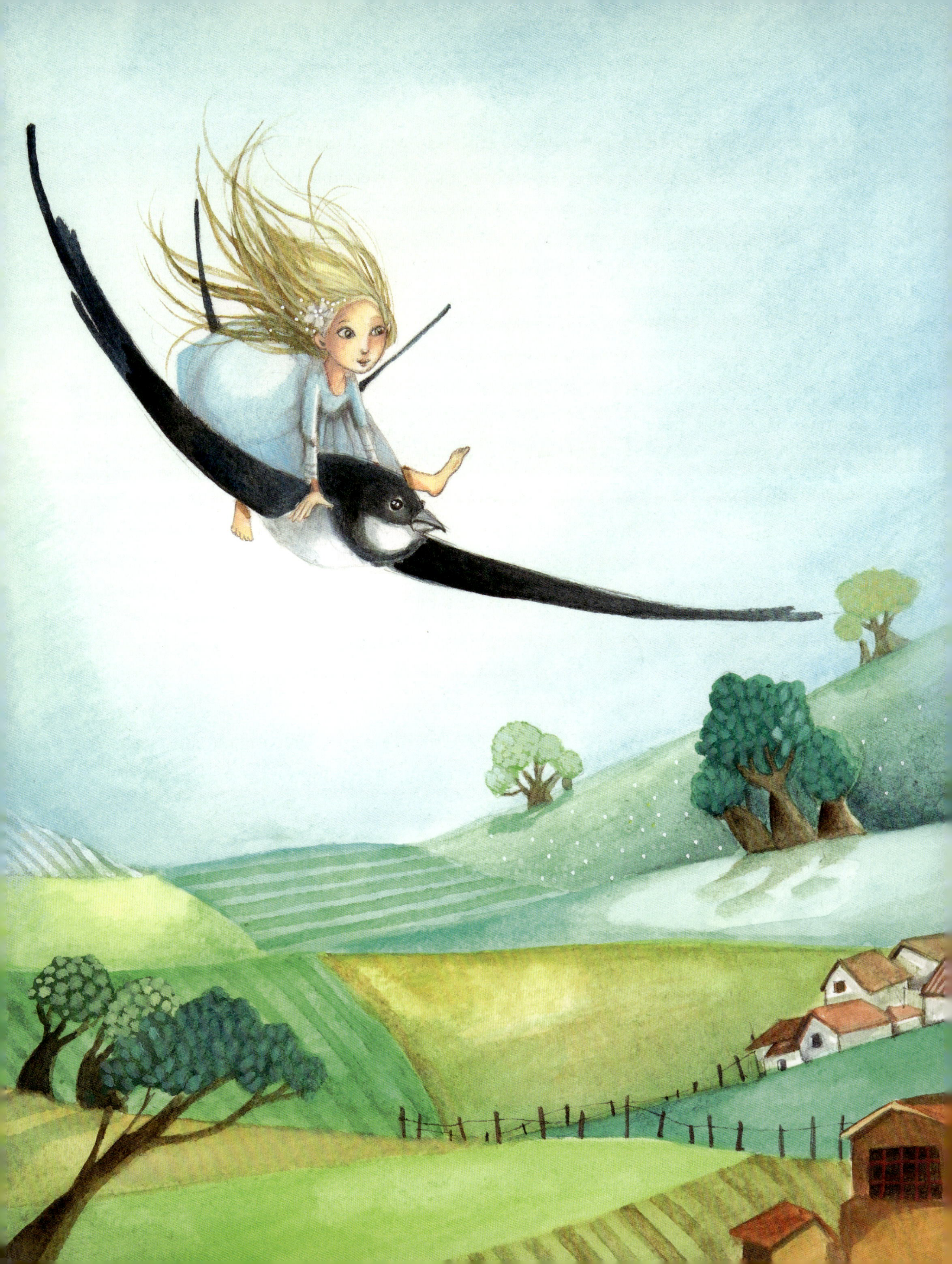

wuchsen die schönsten grünen und blauen Weintrauben. In den Wäldern hingen Zitronen und Apfelsinen, es duftete von Myrten und Krauseminze, und auf den Landwegen liefen die niedlichsten Kinder und spielten mit großen bunten Schmetterlingen.

Aber die Schwalbe flog noch weiter fort, und es wurde schöner und schöner. Unter den herrlichsten grünen Bäumen an dem blauen See stand ein leuchtend weißes Marmorschloss aus alten Zeiten! Weintrauben rankten sich an den hohen Säulen empor. Ganz oben waren viele Schwalbennester, und in einem von ihnen wohnte die Schwalbe, die Däumelinchen trug.

„Hier ist mein Haus!", sagte die Schwalbe. „Aber wenn du dir eine der prächtigen Blumen aussuchst, die dort unten wachsen, dann werde ich dich dort hineinsetzen, und du wirst es so gut haben, wie du es nur wünschst!"

„Das ist herrlich!", sagte sie und klatschte in die kleinen Hände. Dort lag eine große weiße Marmorsäule, die zu Boden gefallen und in drei Stücke gesprungen war, aber zwischen diesen wuchsen die schönsten weißen Blumen. Die Schwalbe flog mit Däumelinchen hinunter und setzte sie auf eins der breiten Blätter.

Aber wie staunte sie! Da saß ein kleiner Mann mitten in der Blume, so weiß und durchsichtig, als wäre er aus Glas. Die niedlichste Goldkrone trug er auf dem Kopf und die herrlichsten klaren Flügel an den Schultern. Er war selbst nicht größer als Däumelinchen. Es war der Engel der Blume. In jeder Blume wohnt so ein kleiner Mann oder eine Frau, aber dieser war der König über alle.

„Gott, wie ist er schön!", flüsterte Däumelinchen der Schwalbe zu.

Der kleine Prinz erschrak sehr über die Schwalbe, denn sie war ja für ihn, der so klein und fein war, ein richtiger Riesenvogel. Aber als er

Däumelinchen sah, wurde er sehr froh. Sie war das allerschönste Mädchen, das er je gesehen hatte. Deshalb nahm er seine Goldkrone vom Haupt und setzte sie ihr auf, fragte, wie sie heiße und ob sie seine Frau werden wolle, dann solle sie Königin über alle Blumen sein!

Ja, das war wahrlich ein anderer Mann als der Sohn der Kröte und der Maulwurf mit dem schwarzen Samtpelz. Sie sagte deshalb Ja zu dem herrlichen Prinzen. Und aus jeder Blume kam eine Dame oder ein Herr, so niedlich, dass es eine Freude war. Jeder brachte Däumelinchen ein Geschenk. Aber das Beste von allem waren ein Paar schöne Flügel von einer großen weißen Fliege, die an Däumelinchens Rücken geheftet wurden, und nun konnte sie auch von Blume zu Blume fliegen. Das war ein Vergnügen! Die kleine Schwalbe saß oben in ihrem Nest und sang für sie, so gut sie konnte.

„Du sollst nicht Däumelinchen heißen!", sagte der Blumenengel zu ihr. „Das ist ein hässlicher Name und du bist so schön. Wir wollen dich Maja nennen."

„Lebe wohl, lebe wohl!", sagte die kleine Schwalbe und flog wieder aus den warmen Ländern fort, weit fort nach Dänemark zurück. Dort hatte sie ein kleines Nest über dem Fenster, wo der Mann wohnt, der Märchen erzählen kann. Ihm sang sie ihr „Quivit, quivit" vor. Daher wissen wir die ganze Geschichte.

Die kleine Meerjungfrau

Weit draußen im Meer ist das Wasser so blau wie die Blätter der schönsten Kornblume und so klar wie das reinste Glas. Aber es ist sehr tief, tiefer, als irgendein Ankertau reicht. Viele Kirchtürme müssten aufeinandergestellt werden, um vom Grund bis über das Wasser zu reichen. Dort unten wohnt das Meervolk.

Nun muss man aber nicht glauben, dass da nur der nackte weiße Sandboden wäre. Nein, da wachsen die sonderbarsten Bäume und Pflanzen, die sich bei der geringsten Bewegung des Wassers rühren, gerade als ob sie lebten. Alle Fische, kleine und große, schlüpfen zwischen den Zweigen hindurch, ebenso wie hier oben in der Luft die Vögel. An der allertiefsten Stelle liegt des Meerkönigs Schloss. Die Mauern sind aus Korallen und die langen spitzen Fenster aus dem klarsten Bernstein. Das Dach aber besteht aus Muschelschalen, die sich öffnen und schließen, je nachdem wie das Wasser strömt. Es sieht herrlich aus, denn in jeder Muschel liegen strahlende Perlen. Schon eine winzige davon würde die Krone einer Königin vortrefflich schmücken. Der Meerkönig war seit vielen Jahren Witwer. Seine alte Mutter führte ihm den Haushalt. Sie war eine kluge Frau, aber stolz auf ihren Adel. Deshalb trug sie zwölf Austern auf dem Schwanz, die anderen Vornehmen durften nur sechs tragen. Die kleinen Meerprinzessinnen, ihre Enkelinnen, hatte sie sehr lieb. Es waren sechs schöne Kinder, aber die Jüngste war die Schönste von allen. Ihre Haut war so rein und fein wie ein Rosenblatt, ihre Augen so blau wie die tiefste See, aber ebenso wie alle anderen hatte sie keine Füße. Der Körper endete in einem Fischschwanz.

Den ganzen Tag konnten sie unten im Schloss spielen, in den großen Sälen, wo Blumen aus den Wänden hervorwuchsen. Die großen Bernsteinfenster wurden geöffnet und dann schwammen die Fische zu ihnen herein, ebenso wie bei uns die Schwalben hereinfliegen, wenn wir die Fenster aufmachen. Die Fische schwammen zu den kleinen Prinzessinnen hin, fraßen ihnen aus den Händen und ließen sich streicheln.

Draußen vor dem Schloss lag ein großer Garten mit feuerroten und dunkelblauen Bäumen. Die Früchte strahlten wie Gold und die Blumen wie brennendes Feuer. Die Erde war der feinste Sand. Über dem Ganzen lag ein eigentümlicher blauer Schimmer. Man hätte eher glauben mögen, dass man hoch oben in der Luft stünde und nur Himmel über und unter sich sähe, als dass man auf dem Meeresgrund wäre. Wenn es windstill war, konnte man die Sonne erblicken. Sie erschien wie eine leuchtend purpurrote Blume.

Jede der kleinen Prinzessinnen hatte ihren kleinen Fleck im Garten, wo sie graben und pflanzen konnte, wie es ihr gefiel. Die eine gab ihrem Beet die Gestalt eines Walfisches, eine andere die einer kleinen Meerjungfrau; aber die Jüngste machte ihres so rund wie die Sonne und hatte Blumen, die rot schienen wie sie.

Sie war ein stilles, nachdenkliches Kind. Wenn die anderen Schwestern sich mit den wunderlichsten Sachen schmückten, die sie von gestrandeten Schiffen bekommen hatten, wollte sie nur eine hübsche Marmorstatue haben. Das war ein schöner Junge, aus weißem klarem Stein gehauen. Sie pflanzte eine rosenrote Trauerweide neben ihn. Die wuchs herrlich und hing mit ihren frischen Zweigen auf den blauen Sandboden hinunter, wo der Schatten sich violett zeigte und wie die Zweige in Bewegung war.

Es gab keine größere Freude für sie, als von der Menschenwelt dort oben zu hören. Die alte Großmutter musste alles erzählen, was sie von Schiffen und Städten, Menschen und Tieren wusste. Am wunderbarsten erschien es ihr, dass oben auf der Erde die Blumen dufteten, denn das taten sie auf dem Meeresgrund nicht, und dass die Wälder grün seien, und dass die Fische, die man dort zwischen den Bäumen sah, laut und herrlich singen könnten. Es waren die kleinen Vögel, die die Großmutter Fische nannte.

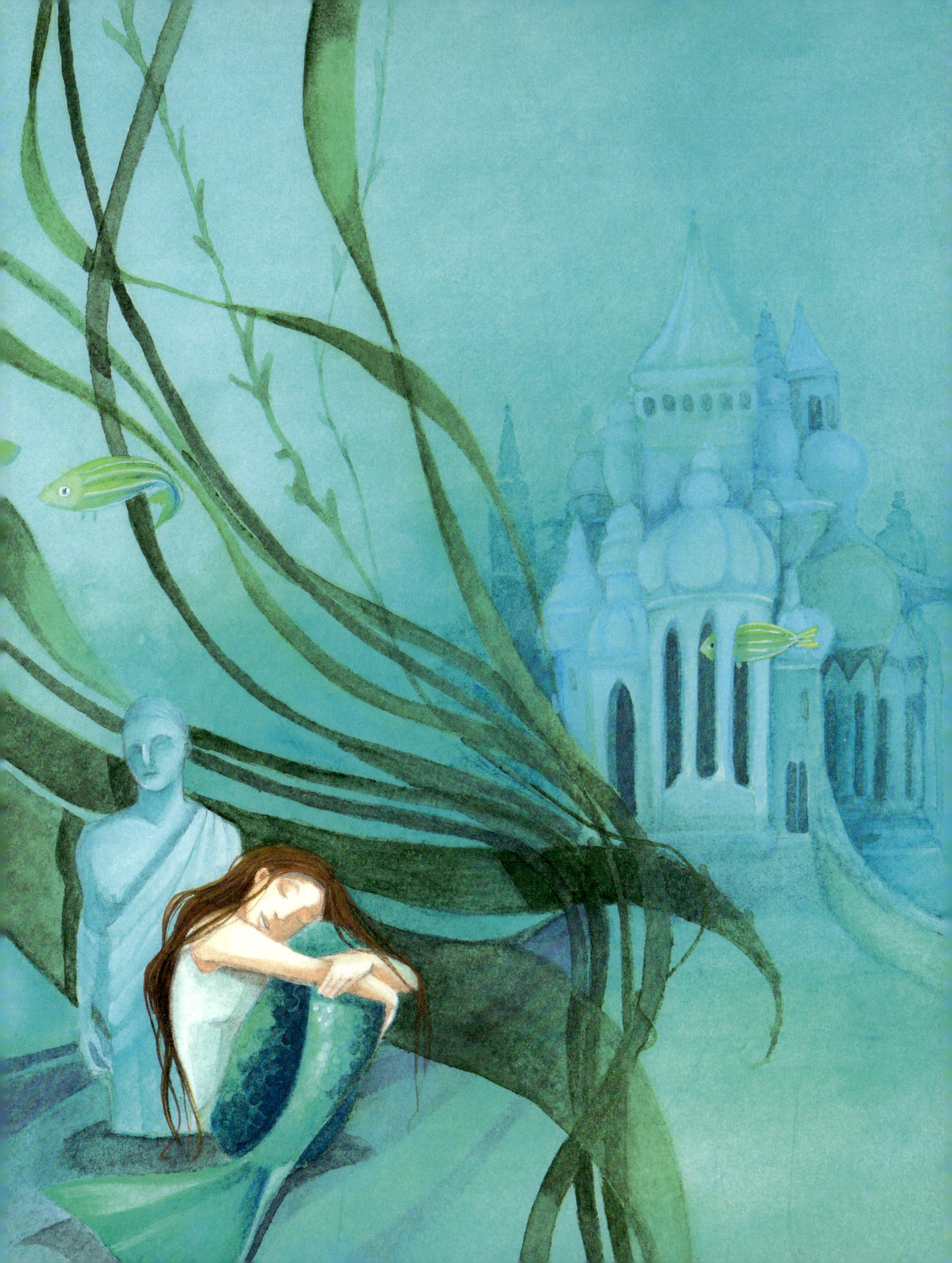

„Wenn ihr euer fünfzehntes Jahr vollendet habt", sagte die Großmutter, „dann sollt ihr die Erlaubnis bekommen, aus dem Meer emporzutauchen, im Mondschein auf den Klippen zu sitzen und die großen Schiffe zu sehen, die vorbeisegeln. Wälder und Städte werdet ihr dann erblicken!"

Im kommenden Jahr wurde die Erste der Schwestern fünfzehn Jahre alt. Ja, eine war immer ein Jahr jünger als die andere. Die Jüngste von ihnen brauchte also noch volle fünf Jahre, bevor sie vom Meeresgrund auftauchen und sehen durfte, wie es bei uns aussieht. Aber die Ältere versprach den anderen zu erzählen, was sie gesehen und was sie am schönsten gefunden habe. Denn ihre Großmutter erzählte ihnen nicht genug; da war so vieles, was sie wissen wollten.

Keine war so voller Sehnsucht wie die Jüngste, gerade sie, die noch die längste Zeit zu warten hatte und die so still und nachdenklich war. Manche Nacht stand sie am offenen Fenster und sah durch das dunkelblaue Wasser hinauf. Mond und Sterne konnte sie sehen. Freilich schienen diese ganz bleich, aber durch das Wasser sahen sie viel größer aus als für unsere Augen. Glitt dann etwas einer schwarzen Wolke gleich dahin, so wusste sie, dass es entweder ein Walfisch war, der über ihr schwamm, oder ein Schiff mit vielen Menschen. Die dachten sicher nicht, dass eine liebliche kleine Meerjungfrau am Grunde stand und die weißen Hände dem Kiel entgegenstreckte.

Nun war die älteste Prinzessin fünfzehn Jahre alt und durfte über die Meeresfläche hinaufschwimmen. Als sie zurückkehrte, hatte sie hunderterlei zu erzählen. Aber das Schönste, sagte sie, sei im Mondschein auf einer

Sandbank in der ruhigen See zu liegen und nahebei die Küste mit der großen Stadt zu betrachten, wo die Lichter gleich hundert Sternen blinkten, die Musik und den Lärm und das Geräusch von Wagen und Menschen zu hören, die vielen Kirchtürme zu sehen und das Läuten der Glocken zu hören. Gerade weil sie nicht dort hinaufkommen konnte, sehnte sie sich am allermeisten nach alledem.

Oh, wie horchte die jüngste Schwester auf, und wenn sie später am offenen Fenster stand und durch das dunkelblaue Wasser emporblickte, dachte sie an die große Stadt mit all dem Lärm und allen Geräuschen, und dann glaubte sie, die Kirchenglocken bis zu sich herunter läuten zu hören.

Im folgenden Jahr bekam die zweite Schwester die Erlaubnis, aus dem Wasser emporzusteigen und zu schwimmen, wohin sie wollte. Sie tauchte auf, gerade als die Sonne unterging, und dieser Anblick, fand sie, sei das Schönste. Der ganze Himmel habe wie Gold ausgesehen, sagte sie, und die Wolken, ja, deren Schönheit konnte sie nicht genug beschreiben! Rot und violett waren sie über ihr dahingesegelt, aber weit schneller als diese flog ein Schwarm wilder Schwäne. Sie schwamm der Sonne entgegen, aber die ging unter und der Rosenschimmer erlosch.

Im Jahr darauf kam die dritte Schwester hinauf. Sie war die vorwitzigste von allen, darum schwamm sie einen breiten Fluss aufwärts, der in das Meer mündete. Herrliche grüne Hügel mit Weinranken erblickte sie, Schlösser und Burgen guckten durch prächtige Wälder hervor, sie hörte, wie alle Vögel sangen, und die Sonne schien so warm, dass sie oft untertauchen musste, um ihr Gesicht zu kühlen. In einer Bucht traf sie einen Schwarm Menschenkinder. Ganz nackt liefen sie herum und planschten im Wasser. Sie wollte mit ihnen spielen, aber die Kinder liefen erschrocken davon, und es kam ein kleines schwarzes Tier, das war ein Hund – aber die Meerprinzessin hatte noch nie einen Hund gesehen –, der bellte sie so schrecklich an, dass sie Angst bekam und in die offene See zurückschwamm. Aber niemals konnte sie die prächtigen Wälder, die grünen Hügel und die niedlichen Kinder vergessen, die im Wasser schwimmen konnten, obgleich sie keinen Fischschwanz hatten.

Die vierte Schwester war nicht so mutig. Sie blieb draußen, mitten auf dem wilden Meer und erzählte, dass es gerade dort am schönsten sei! Man sehe ringsumher viele Meilen weit und der Himmel stehe wie eine große Glasglocke darüber. Schiffe hatte sie gesehen, aber nur in weiter Ferne, da sahen sie wie Strandmöwen aus. Lustige Delfine hatten Purzelbäume geschlagen und die großen Walfische hatten aus ihren Nasenlöchern Wasser emporgespritzt wie Hunderte von Springbrunnen.

Nun kam die Reihe an die fünfte Schwester. Ihr Geburtstag war gerade im Winter und deshalb sah sie, was die anderen das erste Mal nicht gesehen hatten. Die See war ganz grün und ringsumher schwammen große Eisberge. Sie zeigten sich in den wunderlichsten Gestalten und glänzten wie Diamanten. Die Meerprinzessin hatte sich auf einen der allergrößten gesetzt, und alle Segler kreuzten erschrocken dort herum, wo sie saß und ihr langes Haar im Wind flattern ließ. Aber gegen Abend wurde der Himmel mit Wolken überzogen. Es blitzte und donnerte, während die schwarze See die großen Eisblöcke hoch emporhob und sie im Schein der roten Blitze leuchten ließ. Auf allen Schiffen raffte man die Segel; da war eine Angst und ein Grauen. Die fünfte Schwester aber saß ruhig auf ihrem schwimmenden Eisberg und sah die blauen Blitzstrahlen im Zickzack in die schimmernde See fahren.

Sobald eine der Schwestern das erste Mal emporkam, war sie entzückt über das Neue und Schöne, das sie erblickte. Aber da sie nun als erwachsene Mädchen hinaufschwimmen durften, wann sie wollten, wurde es ihnen gleichgültig. Sie sehnten sich wieder heim, und nach Verlauf eines Monats sagten sie, dass es da unten bei ihnen am allerschönsten sei, da sei man so hübsch zu Hause.

In mancher Abendstunde schlangen die fünf Schwestern die Arme umeinander und stiegen in einer Reihe über das Wasser hinauf. Herrliche Stimmen hatten sie, schöner als irgendein Mensch. Und wenn dann ein Sturm heraufzog, sodass sie vermuten konnten, es würden Schiffe untergehen, schwammen sie den Schiffen voran und sangen so lieblich, wie schön es auf dem Meeresgrund sei, und baten die Seeleute, sich doch nicht zu fürchten, dort hinunterzukommen. Aber die konnten die Worte nicht verstehen und glaubten, es sei der Sturm. Sie bekamen die Herrlichkeit dort unten auch nicht zu sehen, denn wenn das Schiff sank, ertranken die Menschen.

Wenn die Schwestern am Abend Arm in Arm hoch durch das Wasser hinaufschwammen, dann blieb die jüngste Schwester ganz allein und sah ihnen nach, und es war ihr, als ob sie weinen müsste. Aber die Meerjungfrau hat keine Tränen, und darum leidet sie viel mehr.

„Ach, wäre ich doch fünfzehn Jahre alt!", sagte sie. „Ich weiß, dass ich sie recht lieb haben werde, die Welt dort oben und die Menschen, die darauf wohnen."

Endlich wurde sie fünfzehn Jahre alt.

„Sieh, nun bist du erwachsen", sagte die Großmutter, die alte Königinwitwe. „Komm nun, lass mich dich schmücken wie deine anderen Schwestern!" Und sie setzte ihr einen Kranz weißer Perlen auf das Haar, die wie Lilienblüten schimmerten, und klemmte acht große Austern an den Fischschwanz der Prinzessin, um ihren hohen Rang zu zeigen.

„Das tut so weh!", sagte die kleine Meerjungfrau.

„Ja, für seine Schönheit muss man leiden!", sagte die Alte.

Oh, sie hätte so gern diese ganze Pracht abgeschüttelt und den schweren Kranz abgelegt. Ihre roten Blumen im Garten kleideten sie viel besser, aber sie konnte es nun nicht ändern.

„Lebt wohl!", sagte sie und stieg so leicht und klar wie eine Blase durch das Wasser hinauf.

Die Sonne war gerade untergegangen, als sie den Kopf über das Wasser erhob, aber alle Wolken glänzten noch wie Rosen und Gold, und inmitten der blassroten Luft strahlte der Abendstern so hell und schön. Die Luft war mild und frisch und das Meer ganz ruhig. Da lag ein großes Schiff mit drei Masten. Nur ein einziges Segel war aufgezogen, denn nicht ein Lüftchen rührte sich, und ringsumher im Tauwerk und auf den Rahen saßen Matrosen. Da waren Musik und Gesang. Als der Abend dunkelte, wurden Hunderte von bunten Lichtern angezündet.

Die kleine Meerjungfrau schwamm zum Kajütenfenster hin, und jedes Mal wenn eine Welle sie emporhob, konnte sie durch die spiegelblanken Fensterscheiben hineinsehen, wo so viele geschmückte Menschen standen. Aber der Schönste war doch der junge Prinz mit den großen schwarzen Augen. Er war gewiss nicht älter als sechzehn Jahre. Es war sein Geburtstag und deshalb herrschte all diese Pracht. Die Matrosen tanzten auf dem Deck, und als der junge Prinz hinaustrat, stiegen über hundert Raketen in die Luft. Sie leuchteten wie der helle Tag, sodass die kleine Meerjungfrau sehr erschrak und untertauchte. Aber sie steckte bald den

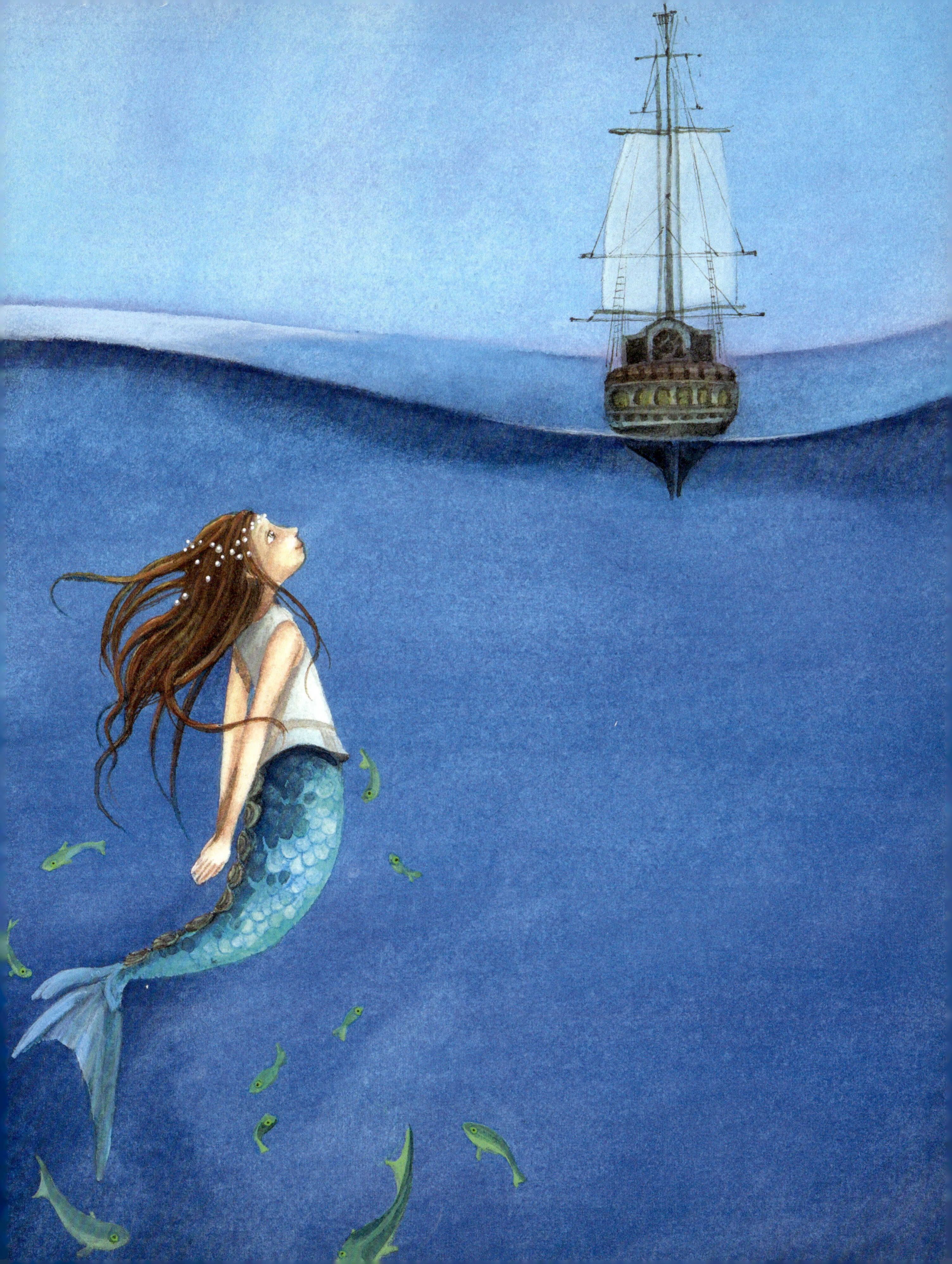

Kopf wieder hervor, und da war es, als ob alle Sterne des Himmels zu ihr herunterfielen.

Niemals hatte sie solch ein Feuerwerk gesehen! Große Sonnen sprühten herum, prächtige Feuerfische flogen in die blaue Luft und alles spiegelte sich in der klaren, stillen See. Auf dem Schiff war es so hell, dass die Menschen jedes kleine Tau sehen konnten. Oh, wie schön war doch der junge Prinz! Und er drückte den Leuten die Hand und lächelte, während die Musik in der herrlichen Nacht erklang.

Es wurde spät, aber die kleine Meerjungfrau konnte ihre Augen nicht von dem Schiff und dem schönen Prinzen wenden. Die bunten Lichter wurden gelöscht, Raketen stiegen nicht mehr in die Höhe, es ertönten auch keine Kanonenschüsse mehr; aber tief unten im Meer summte und brummte es. Die kleine Meerjungfrau saß immer noch auf dem Wasser und schaukelte auf und nieder. Aber das Schiff nahm stärkere Fahrt, ein Segel nach dem andern breitete sich aus. Nun gingen die Wogen höher, große Wolken zogen auf, es blitzte in der Ferne. Oh, es würde ein schreckliches Wetter geben! Darum zogen die Matrosen die Segel ein. Das große Schiff schaukelte in fliegender Fahrt auf der wilden See. Das Wasser erhob sich wie große schwarze Berge, die über die Masten rollen wollten, aber das Schiff tauchte wie ein Schwan zwischen den hohen Wogen nieder und ließ sich wieder auf die hochgetürmten Wasser heben.

Der kleinen Meerjungfrau schien es eine recht vergnügliche Fahrt zu sein, aber das fanden die Seeleute nicht. Das Schiff knackte und krachte, die dicken Planken bogen sich, die See stürzte in das Schiff hinein, der Mast brach mittendurch, als ob er nur ein Rohr wäre, und das Schiff legte sich auf die Seite, während das Wasser eindrang. Nun sah die kleine Meerjungfrau, dass sie in Gefahr waren. Sie musste sich selbst vor herumtreibenden Planken und Stücken vom Schiff in Acht nehmen. Einen Augenblick war es so stockfinster, dass sie nicht das Mindeste sehen konnte, aber wenn es blitzte, wurde es wieder so hell, dass sie alle auf dem Schiffe erkannte. Besonders suchte sie den jungen Prinzen und sie sah ihn, als das Schiff entzweibrach, in das tiefe Meer versinken. Sogleich wurde sie ganz vergnügt, denn nun kam er zu ihr hinunter. Aber dann dachte sie, dass ja die Menschen nicht im Wasser leben können und er tot zum Schloss ihres Vaters hinunterkommen würde. Nein, sterben durfte er nicht! Darum schwamm sie hin zwischen Balken und Planken, die auf der See trieben, und vergaß völlig, dass diese sie hätten zerdrücken können. Sie tauchte tief unter und stieg wieder zwischen den Wogen empor und kam zuletzt so zu dem jungen Prinzen, der kaum noch länger in der stürmischen See schwimmen konnte. Seine Arme und Beine begannen zu ermatten; die schönen Augen schlossen sich. Er hätte sterben müssen, wäre die kleine Meerjungfrau nicht hinzugekommen. Sie hielt seinen Kopf über Wasser und ließ sich dann mit ihm von den Wogen treiben, wohin sie wollten.

Am Morgen war das böse Wetter vorüber. Von dem Schiff war kein Span mehr zu sehen. Die Sonne erhob sich rot und glänzend aus dem Wasser. Es war, als ob des Prinzen Wangen dadurch Leben erhielten, aber die Augen blieben geschlossen.

Die Meerjungfrau küsste seine hohe, schöne Stirn und strich sein nasses Haar zurück. Es schien ihr, als gleiche er der Marmorstatue in ihrem kleinen Garten. Sie küsste ihn wieder und wünschte, dass er doch leben möchte.

Nun sah sie vor sich das feste Land, hohe blaue Berge, auf deren Gipfel der weiße Schnee erglänzte, als wären es Schwäne, die dort lägen. Unten an der

Küste waren herrliche grüne Wälder und davor lag eine Kirche oder ein Kloster, das wusste sie nicht recht, aber ein Gebäude war es. Zitronen- und Apfelsinenbäume wuchsen im Garten und vor dem Tor standen hohe Palmen. Die See bildete hier eine kleine Bucht, gerade bis zu den Klippen, an die weißer feiner Sand gespült war. Hierhin schwamm sie mit dem schönen Prinzen, legte ihn ab und sorgte dafür, dass sein Kopf hoch im warmen Sonnenschein lag.

Nun läuteten die Glocken in dem großen weißen Gebäude, und es kamen viele junge Mädchen durch den Garten. Da schwamm die kleine Meerjungfrau hinaus hinter einige hohe Steine, die aus dem Wasser ragten, legte Seeschaum auf ihr Haar und ihre Brust, sodass niemand ihr kleines Gesicht sehen konnte, und dann passte sie auf, wer zu dem armen Prinzen kommen würde.

Es dauerte nicht lange, da kam ein junges Mädchen dorthin. Es schien sehr zu erschrecken, aber nur einen Augenblick, dann holte es mehrere Menschen, und die Meerjungfrau sah, dass der Prinz zum Leben zurückkehrte und dass er alle ringsherum anlächelte. Aber zu ihr hinaus lächelte er nicht. Er wusste ja nicht, dass sie ihn gerettet hatte. Sie wurde betrübt und als er in das große Gebäude hineingeführt wurde, tauchte sie traurig unter Wasser und kehrte zum Schloss ihres Vaters zurück.

Sie war immer still und nachdenklich gewesen, aber nun wurde sie es noch weit mehr. Die Schwestern fragten sie, was sie das erste Mal dort oben gesehen habe, aber sie erzählte nichts. Manchen Abend und Morgen schwamm sie dort hinauf, wo sie den Prinzen verlassen hatte. Sie sah, wie die Früchte des Gartens reiften und abgepflückt wurden. Sie sah, wie der Schnee auf den hohen Bergen schmolz. Aber den Prinzen erblickte sie nicht und deshalb kehrte sie immer betrübter heim. Da war es ihr einziger Trost, in ihrem kleinen Garten zu sitzen und die Arme um die schöne Marmorstatue zu schlingen, die dem Prinzen glich. Ihre Blumen pflegte sie nicht, sie wuchsen wie in einer Wildnis über die Gänge hinaus und flochten ihre langen Stiele und Blätter in die Zweige der Bäume hinein, sodass es dort ganz dunkel war.

Zuletzt konnte sie es nicht länger aushalten und erzählte alles einer ihrer Schwestern; und da erfuhren es gleich alle andern, aber auch niemand sonst als diese und ein paar andere Meerjungfrauen, die es keinem weitersagten, außer ihren besten Freundinnen. Eine von ihnen wusste, wer der Prinz war. Sie hatte das Fest auf dem Schiff auch gesehen und wusste, woher er war und wo sein Königreich lag.

„Komm, kleine Schwester!", sagten die anderen Prinzessinnen und einander im Arm haltend, stiegen sie in einer langen Reihe aus dem Meer empor, dort, wo das Schloss des Prinzen sein musste.

Dieses war aus hellgelb glänzendem Stein gebaut, mit großen Marmortreppen, deren eine gerade in das Meer hinunterführte. Prächtige vergoldete Kuppeln erhoben sich über dem Dach, und zwischen den Säulen, die um das ganze Gebäude herumgingen, standen Marmorbilder, die aussahen, als lebten sie. Durch das klare Glas der hohen Fenster sah man in die herrlichsten Säle hinein, wo kostbare Seidengardinen und Teppiche aufgehängt und alle Wände mit großen Gemälden geschmückt waren. Mitten in dem größten Saal plätscherte ein Springbrunnen. Seine Strahlen reichten hoch hinauf gegen die Glaskuppel in der Decke.

Nun wusste die jüngste Meerprinzessin, wo der Prinz wohnte. Manchen Abend und manche Nacht kehrte sie zurück und schwamm viel näher an das Land, als eine der anderen es gewagt hatte. Ja, sie ging den schmalen Kanal ganz hinauf. Hier saß sie und betrachtete den jungen Prinzen, der glaubte, er sei ganz allein im hellen Mondschein.

Sie sah ihn bei Musik in seinem prächtigen Boot segeln. Sie guckte durch das grüne Schilf hervor, und wenn der Wind ihren langen silberweißen Schleier ergriff und jemand ihn sah, so glaubte er, es wäre ein

Schwan, der die Flügel ausbreitete. Sie hörte, wenn die Fischer mit Fackeln auf der See waren, dass sie viel Gutes von dem jungen Prinzen erzählten. Es freute sie, dass sie sein Leben gerettet hatte, und sie dachte daran, wie fest sein Haupt an ihrer Brust geruht und wie innig sie ihn da geküsst hatte. Er aber wusste nichts davon und konnte nicht einmal von ihr träumen.

Mehr und mehr begann sie, die Menschen zu lieben. Mehr und mehr wünschte sie, zu ihnen aufsteigen zu können, deren Welt ihr weit größer zu sein schien als die ihre. Sie konnten ja auf Schiffen über das Meer fliegen, auf die hohen Berge hoch über die Wolken emporsteigen; und die Länder, die sie besaßen, erstreckten sich weiter als ihre Blicke reichten. Da war so vieles, was sie wissen wollte, aber die Schwestern wussten ihr keine Antwort zu geben. Darum fragte sie die alte Großmutter. Denn die kannte die Welt recht gut.

„Wenn die Menschen nicht ertrinken", fragte die kleine Meerjungfrau, „können sie dann ewig leben? Sterben sie nicht, wie wir hier unten im Meer?"

„Ja", sagte die Alte, „sie müssen auch sterben und ihre Lebenszeit ist sogar kürzer als unsere. Wir können dreihundert Jahre alt werden, aber dann werden wir in Schaum auf dem Wasser verwandelt, haben nicht einmal ein Grab hier unten unter unseren Lieben. Wir haben keine unsterbliche Seele, wir erhalten nie wieder Leben. Wir sind wie das grüne Schilf. Ist es einmal durchgeschnitten, so kann es nicht wieder grünen. Die Menschen dagegen haben eine Seele, die ewig lebt, nachdem der Körper zu Erde geworden ist. Sie steigt durch die klare Luft empor, hinauf zu all den glänzenden Sternen. So wie wir aus dem Meer auftauchen und die Länder der Menschen sehen, so steigen sie zu unbekannten, herrlichen Stätten auf, die wir niemals zu sehen bekommen."

„Warum bekamen wir keine unsterbliche Seele?", fragte die kleine Meerjungfrau betrübt. „Ich wollte all meine Hunderte von Jahren, die ich zu leben habe, dafür geben, um nur einen Tag ein Mensch zu sein und später Anteil an der himmlischen Welt zu haben."

„Daran darfst du nicht denken", sagte die Alte. „Wir haben es viel glücklicher und besser als die Menschen dort oben!"

„Ich werde also sterben und als Schaum auf dem Meer treiben, nicht die Musik der Wellen hören, nicht die schönen Blumen und die rote Sonne sehen? Kann ich denn gar nichts tun, um eine unsterbliche Seele zu erhalten?"

„Nein!", sagte die Alte. „Nur wenn ein Mensch dich so lieben würde, dass du ihm mehr als Vater und Mutter bedeutest, wenn er mit all seinem Denken und all seiner Liebe an dir hinge und den Priester seine rechte Hand in deine legen ließe mit dem Gelöbnis der Treue hier und in alle Ewigkeit, dann flösse seine Seele in deinen Körper über, und auch du erhieltest Anteil an der Glückseligkeit der Menschen. Er gäbe dir eine Seele und behielte doch seine eigene. Aber das kann niemals geschehen! Was hier im Meer gerade schön ist, dein Fischschwanz, finden sie auf der Erde hässlich. Man muss dort zwei plumpe Stützen haben, die sie Beine nennen, um schön zu sein!"

Da seufzte die kleine Meerjungfrau und sah betrübt auf ihren Fischschwanz.

„Lass uns fröhlich sein", sagte die Alte, „hüpfen und springen wollen wir in den dreihundert Jahren, die wir zu leben haben. Das ist wahrlich eine gute Zeit. Später kann man sich umso zufriedener ausruhen. Heute Abend werden wir Hofball haben!"

Das war auch eine Pracht, wie man sie nie auf Erden sieht. Wände und Decken des großen Tanzsaales waren aus dickem, aber klarem Glas. Mehrere Hundert kolossale Muschelschalen, rosenrote und grasgrüne, standen zu jeder Seite in Reihen mit einem blau brennenden Feuer, das den ganzen Saal erleuchtete und durch die Wände hinausschien. Man konnte unzählige Fische sehen, große und kleine, die gegen die Glasmauer schwammen; auf einigen glänzten die Schuppen purpurrot, auf anderen erschienen sie wie Silber und Gold. Mitten durch den Saal floss ein breiter Strom, und auf diesem tanzten die Meermänner und Meerfrauen zu ihrem eigenen lieblichen Gesang. So schöne Stimmen haben die Menschen auf der Erde nicht. Die kleine Meerjungfrau sang am schönsten von allen, und alle klatschten ihr Beifall. Und sie freute sich, denn sie wusste, dass sie die schönste Stimme von allen hatte. Aber bald dachte sie wieder an die Welt oben über sich. Sie konnte den hübschen Prinzen und ihren Schmerz, dass sie keine unsterbliche Seele hatte wie er, nicht vergessen. Darum schlich sie sich aus dem Schloss hinaus, und während drinnen Gesang und Fröhlichkeit war, saß sie betrübt in ihrem kleinen Garten. Da hörte sie ein Waldhorn durch das Wasser klingen und dachte: „Nun segelt er sicher dort oben, er, den ich lieber habe als Vater und Mutter, er, an dem meine Gedanken hängen und in dessen Hand ich mein Lebensglück legen möchte. Alles will ich wagen, um ihn und eine unsterbliche Seele zu gewinnen! Während meine Schwestern tanzen, will ich zur Meerhexe gehen, vor der ich immer Angst gehabt habe. Sie kann mir vielleicht Rat geben und helfen!"
Nun ging die kleine Meerjungfrau aus ihrem Garten hinaus zu den brausenden Strudeln, hinter denen die Hexe wohnte. Dort wuchsen keine Blumen, kein Seegras, nur der nackte, graue Sandboden erstreckte sich bis

zu den Strudeln hin, wo das Wasser wie brausende Mühlräder herumwirbelte und alles, was es zu fassen bekam, mit sich hinunter in die Tiefe riss. Mitten durch diese zermalmenden Wirbel musste sie gehen, um zur Meerhexe zu kommen. Eine lange Strecke führte der Weg über heiß brodelnden Schlamm, den die Hexe ihr Torfmoor nannte. Dahinter lag ihr Haus mitten in einem seltsamen Walde. Alle Bäume und Büsche waren Polypen, halb Tier und halb Pflanze. Sie sahen aus wie hundertköpfige Schlangen. Die Zweige waren lange schleimige Arme, mit Fingern wie geschmeidige Würmer. Was in ihre Nähe kam, das umschlangen sie fest und ließen es niemals mehr los. Die kleine Meerjungfrau blieb ganz erschreckt davor stehen, ihr Herz klopfte vor Angst und fast wäre sie umgekehrt. Aber dann dachte sie an den Prinzen und an die Seele der Menschen, und da bekam sie Mut. Ihr langes, flatterndes Haar band sie fest um das Haupt, damit die Polypen sie nicht daran packen konnten. Beide Hände legte sie über ihre Brust zusammen und so flog sie, wie ein Fisch nur durch das Wasser fliegen kann, zwischen den hässlichen Polypen hindurch, die ihre geschmeidigen Arme und Finger vergeblich hinter ihr herstreckten.

Nun kam sie zu einem großen sumpfigen Platz im Wald, wo sich große fette Wasserschlangen wälzten und ihren hässlichen, weißgelben Bauch zeigten. Mitten auf dem Platz war ein Haus, aus weißen Knochen gestrandeter Menschen errichtet: Da saß die Meerhexe und fütterte eine Kröte. Die hässlichen Wasserschlangen nannte sie ihre kleinen Küken und ließ sie sich auf ihrer großen schwammigen Brust wälzen.

„Ich weiß schon, was du willst!", sagte die Meerhexe. „Es ist zwar dumm von dir, doch sollst du deinen Willen haben, denn er wird dich ins Unglück stürzen, meine schöne Prinzessin. Du willst deinen Fischschwanz los sein

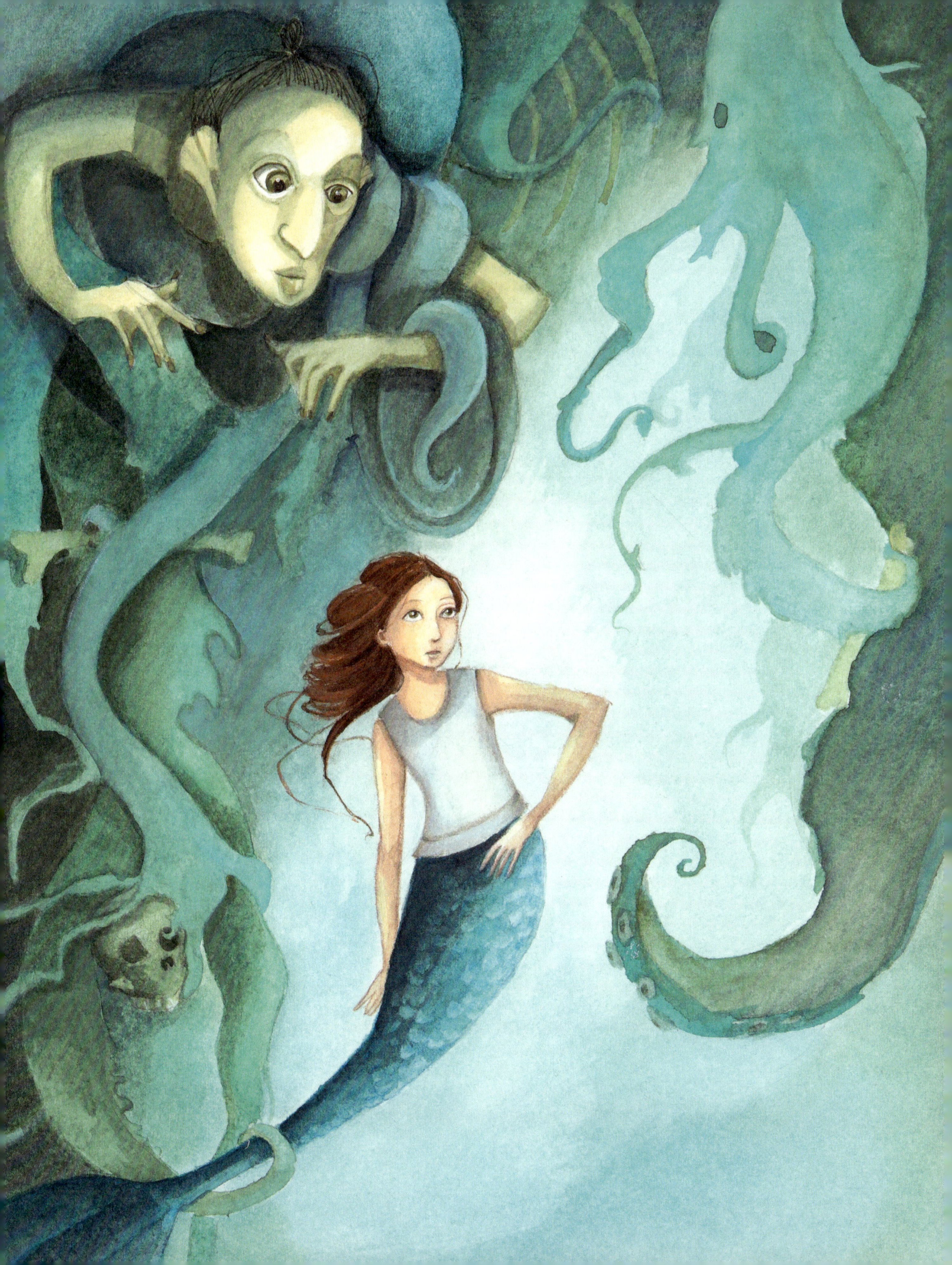

und stattdessen zwei Stützen wie die Menschen zum Gehen haben, damit sich der junge Prinz in dich verlieben kann und du ihn und eine unsterbliche Seele erhalten kannst!" Dabei lachte die Hexe laut und widerlich, sodass die Kröte und die Schlangen auf die Erde fielen. „Du kommst gerade zur rechten Zeit", sagte die Hexe. „Morgen, wenn die Sonne aufgeht, könnte ich dir wieder ein Jahr lang nicht helfen. Ich werde dir einen Trank bereiten. Mit dem musst du vor Sonnenaufgang an Land schwimmen, dich dort ans Ufer setzen und ihn trinken. Dann wird dein Schwanz von dir getrennt und schrumpft zu dem zusammen, was die Menschen niedliche Beine nennen. Aber es tut weh, so als ob ein scharfes Schwert dich durchdringe. Alle, die dich sehen, werden sagen, du wärst das schönste Menschenkind, das sie je gesehen hätten. Du behältst deinen schwebenden Gang, keine Tänzerin kann sich so leicht bewegen wie du. Aber jeder deiner Schritte ist, als ob du auf Messer trittst. Bist du bereit, dies zu erleiden, so werde ich dir helfen!"

„Ja!", sagte die kleine Meerjungfrau mit bebender Stimme und gedachte des Prinzen und der unsterblichen Seele.

„Bedenke", sagte die Hexe, „hast du erst menschliche Gestalt bekommen, so kannst du niemals wieder eine Meerjungfrau werden! Du kannst nie wieder durch das Wasser zu deinen Schwestern und zum Schloss deines Vaters hinabschwimmen. Und gewinnst du die Liebe des Prinzen nicht, sodass er um deinetwillen Vater und Mutter vergisst, an dir mit allen Gedanken hängt und den Priester eure Hände ineinanderlegen lässt, dass ihr Mann und Frau werdet, so bekommst du keine unsterbliche Seele! Am ersten Morgen, nachdem er mit einer anderen verheiratet ist, wird dein Herz brechen und du wirst zu Schaum auf dem Wasser."

„Ich will es", sagte die kleine Meerjungfrau und war bleich wie der Tod.
„Aber du musst mich auch bezahlen!", sagte die Hexe. „Es ist nicht wenig, was ich verlange. Du hast die schönste Stimme von allen hier auf dem Meeresgrund. Damit glaubst du wohl, ihn bezaubern zu können, aber diese Stimme musst du mir geben. Das Beste, was du besitzt, will ich für meinen kostbaren Trank haben! Mein eigenes Blut muss ich dir ja darin geben, damit der Trank scharf werde wie ein zweischneidiges Schwert!"
„Aber wenn du meine Stimme nimmst", sagte die kleine Meerjungfrau, „was bleibt mir dann noch?"
„Deine schöne Gestalt", sagte die Hexe, „dein schwebender Gang und deine sprechenden Augen. Damit kannst du schon ein Menschenherz betören. Nun, hast du den Mut verloren? Strecke deine kleine Zunge hervor, dann schneide ich sie als Bezahlung ab und du bekommst den kräftigen Trank!"
„Es geschehe!", sagte die kleine Meerjungfrau und die Hexe setzte ihren Kessel auf, um den Zaubertrank zu kochen.
„Reinlichkeit ist eine gute Sache", sagte sie und scheuerte den Kessel mit den Schlangen ab, die sie zu einem Knoten band. Dann ritzte sie sich selbst in die Brust und ließ ihr schwarzes Blut hineinträufeln. Der Dampf bildete die wunderlichsten Gestalten, sodass einem angst und bange werden musste. Jeden Augenblick warf die Hexe neue Sachen in den Kessel und als er recht kochte, war es, als ob ein Krokodil weinte. Endlich war der Trank fertig. Er sah wie das klarste Wasser aus!
„Da hast du ihn!", sagte die Hexe und nahm der kleinen Meerjungfrau die Stimme, sodass sie weder mehr singen noch sprechen konnte.
„Sollten die Polypen nach dir greifen, wenn du durch den Wald zurückgehst",

sagte die Hexe, „so wirf nur einen einzigen Tropfen dieses Trankes auf sie, dann zerspringen ihre Arme und Finger in tausend Stücke!" Aber das brauchte die kleine Meerjungfrau nicht. Als sie den glänzenden Trank erblickten, zogen sich die Polypen erschrocken vor ihr zurück. So kam sie schnell durch den Wald, das Moor und die brausenden Strudel.

Sie konnte ihres Vaters Schloss sehen. Die Fackeln waren erloschen, alle schliefen. Die kleine Meerjungfrau wagte nicht hineinzugehen, da sie nun stumm war und ihre Familie auf immer verlassen wollte. Es war, als ob ihr Herz vor Trauer zerspringen müsste. Sie schlich in den Garten, nahm eine Blume von jedem Blumenbeet ihrer Schwestern, warf dem Schloss Tausende von Kusshändchen zu und schwamm durch die dunkelblaue See hinauf.

Die Sonne war noch nicht aufgegangen, als sie das Schloss des Prinzen erblickte und die prächtige Marmortreppe bestieg. Der Mond schien herrlich klar. Die kleine Meerjungfrau trank den brennenden, scharfen Trank, und es war, als ginge ein zweischneidiges Schwert durch ihren Körper. Sie wurde ohnmächtig und lag da wie tot. Als die Sonne über dem Meer schien, erwachte sie. Gerade vor ihr stand der schöne junge Prinz. Er heftete seine kohlschwarzen Augen auf sie, sodass sie die ihren niederschlug und sah, dass ihr Fischschwanz fort war und sie die reizendsten kleinen weißen Beine hatte, die ein Mädchen nur haben kann. Aber sie war ganz nackt, deshalb hüllte sie sich in ihr starkes, langes Haar ein. Der Prinz fragte, wer sie sei und wie sie dahin gekommen sei, und sie sah ihn sanft und doch so betrübt mit ihren dunkelblauen Augen an. Sprechen konnte sie ja nicht. Da nahm er sie bei der Hand und führte sie in das Schloss hinein. Jeder Schritt, den sie tat, war, als trete sie auf spitze Nadeln, wie die Hexe ihr vorausgesagt hatte, aber das ertrug sie gern. An der Hand des Prinzen schritt sie so leicht einher wie eine Seifenblase, und er und alle anderen wunderten sich über ihren anmutigen, schwebenden Gang.

Sie bekam nun kostbare Kleider aus Seide. Im Schloss war sie die Schönste von allen, aber sie war stumm, konnte weder singen noch sprechen. Herrliche Sklavinnen, in Seide und Gold gekleidet, traten auf und sangen vor dem Prinzen und seinen königlichen Eltern. Eine sang schöner als alle anderen, und der Prinz klatschte in die Hände und lächelte ihr zu. Da wurde die kleine Meerjungfrau betrübt. Sie wusste, dass sie selbst viel schöner gesungen hätte, und dachte: „Oh, wenn er nur wüsste, dass ich, um bei ihm zu sein, meine Stimme für alle Ewigkeit hingegeben habe!"

Nun tanzten die Sklavinnen reizende schwebende Tänze zur herrlichen Musik. Da erhob die kleine Meerjungfrau ihre schönen weißen Arme, stellte sich auf die Fußspitzen und schwebte über den Fußboden hin, tanzte, wie noch keine getanzt hatte. Bei jeder Bewegung wurde ihre Schönheit noch sichtbarer und ihre Augen sprachen tiefer zum Herzen als der Gesang der Sklavinnen.

Alle waren entzückt, besonders der Prinz, der sie sein kleines Findelkind nannte. Und sie tanzte mehr und mehr, obwohl es jedes Mal, wenn ihr Fuß die Erde berührte, war, als ob sie auf scharfe Messer träte. Der Prinz sagte, dass sie immer bei ihm bleiben solle, und sie erhielt die Erlaubnis, vor seiner Tür auf einem Samtkissen zu schlafen.

Er ließ ihr ein Männergewand machen, damit sie ihn zu Pferde begleiten konnte. Durch duftende Wälder ritten sie, wo die grünen Zweige ihre Schultern berührten und die Vögel sangen. Auf hohe Berge kletterte sie mit dem Prinzen. Obgleich ihre zarten Füße bluteten, sodass die anderen es sehen konnten, lachte sie doch darüber und folgte ihm, bis sie die Wolken unter sich segeln sahen wie Zugvögel.

Zu Hause im Schloss, wenn nachts die anderen schliefen, ging sie auf die breite Marmortreppe hinaus. Es kühlte ihre brennenden Füße, im kalten Seewasser zu stehen, und sie dachte an jene dort unten in der Tiefe.

Eines Nachts kamen ihre Schwestern Arm in Arm. Sie sangen so traurig, während sie über dem Wasser schwammen. Sie winkte ihnen, und die Schwestern erkannten sie und erzählten, wie betrübt alle seien. Seitdem kamen sie jede Nacht, und einmal sah sie weit draußen ihre alte Großmutter, die viele Jahre nicht über der Meeresfläche gewesen war, und den Meerkönig mit seiner Krone auf dem Haupte. Sie streckten die Hände nach ihr aus, wagten sich aber nicht so nah ans Land wie ihre Schwestern.

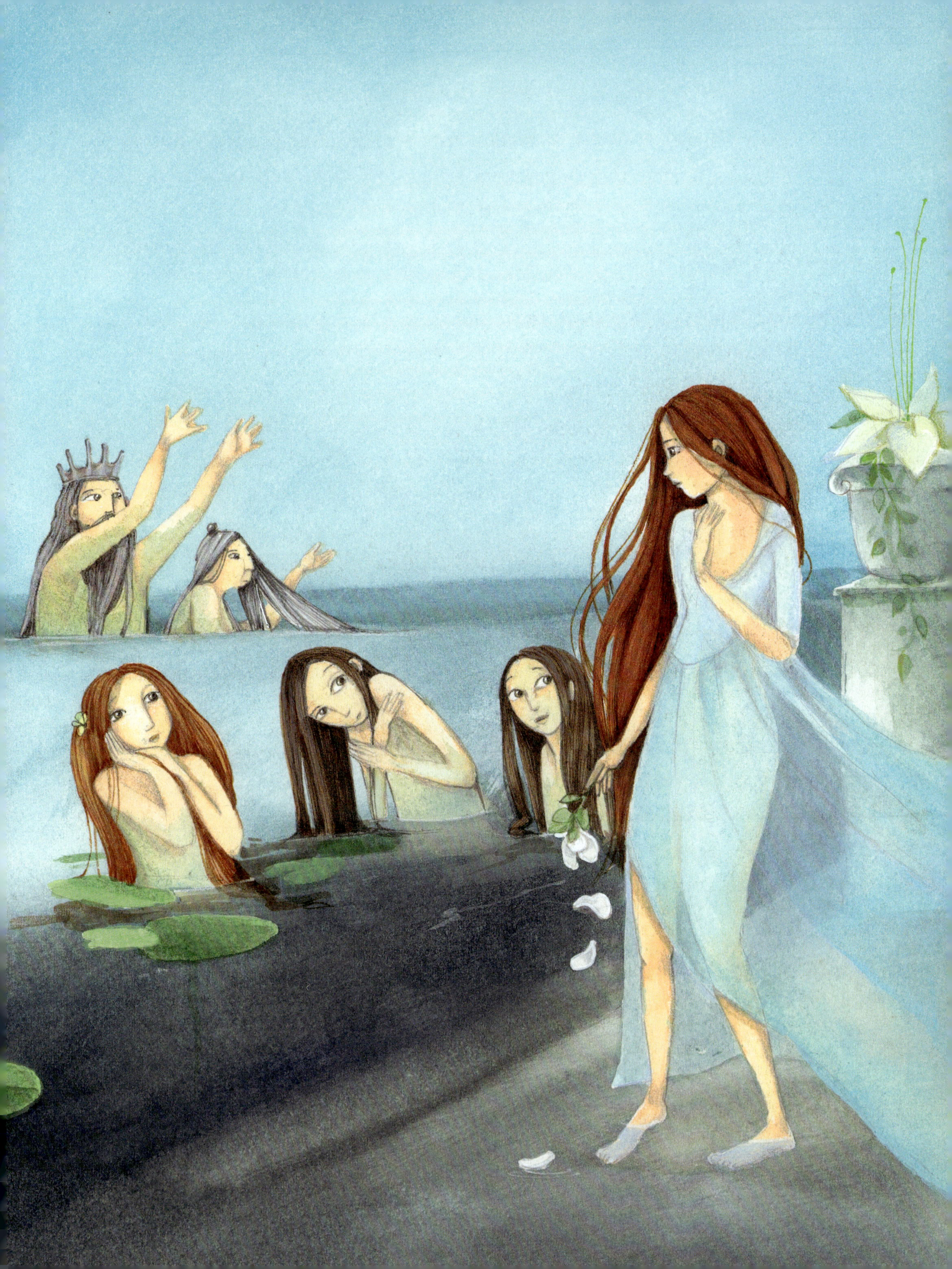

Tag für Tag gewann der Prinz sie lieber. Er liebte sie, wie man ein gutes, liebes Kind liebt. Aber sie zu seiner Königin zu machen, kam ihm nicht in den Sinn und seine Frau musste sie doch werden, sonst erhielt sie keine unsterbliche Seele und musste an seinem Hochzeitsmorgen zu Schaum auf dem Meer werden.

„Liebst du mich nicht am meisten von allen?", schienen die Augen der kleinen Meerjungfrau zu fragen, wenn er sie in seine Arme nahm und ihre schöne Stirn küsste.

„Ja, du bist mir die Liebste", sagte der Prinz, „denn du hast das beste Herz von allen. Du bist mir am meisten ergeben, du gleichst einem jungen Mädchen, das ich einmal sah, aber niemals wiederfinde. Ich war auf einem Schiff, das unterging. Die Wellen warfen mich bei einem heiligen Tempel ans Land, wo mehrere junge Mädchen den Dienst verrichteten. Die Jüngste fand mich am Ufer und rettete mir das Leben. Ich sah sie nur zweimal. Sie wäre die Einzige, die ich in dieser Welt lieben könnte. Aber du gleichst ihr und du verdrängst fast ihr Bild aus meiner Seele. Sie gehört dem heiligen Tempel an und darum hat mein gutes Glück dich mir gesandt. Niemals wollen wir uns trennen!"

„Ach, er weiß nicht, dass ich ihm das Leben gerettet habe!", dachte die kleine Meerjungfrau. „Ich trug ihn über das Meer zum Wald hin, wo der Tempel steht. Ich saß hinter dem Schaum und schaute aus, ob keine Menschen kommen würden. Ich sah das schöne Mädchen, das er lieber hat als mich!" Und die Meerjungfrau seufzte tief, weinen konnte sie nicht.

„Das Mädchen gehört dem heiligen Tempel an, hat er gesagt. Es kommt nie in die Welt hinaus, sie begegnen sich nicht mehr. Ich bin bei ihm, sehe ihn jeden Tag. Ich will ihn pflegen, lieben, ihm mein Leben opfern!"

Aber nun sollte der Prinz heiraten und des Nachbarkönigs schöne Tochter zur Frau bekommen, erzählte man, darum rüste er ein so prächtiges Schiff aus.

Die kleine Meerjungfrau schüttelte den Kopf und lächelte. Sie kannte die Gedanken des Prinzen viel besser als alle anderen.

„Ich muss reisen!", hatte er zu ihr gesagt. „Ich muss mir die schöne Prinzessin ansehen. Meine Eltern verlangen es, aber sie wollen mich nicht zwingen, sie zur Braut zu nehmen. Ich kann sie nicht lieben! Sie gleicht nicht dem schönen Mädchen im Tempel, dem du gleichst. Sollte ich einst eine Braut wählen, so würdest du es sein, mein stummes Findelkind mit den sprechenden Augen!" Und er küsste ihren roten Mund, spielte mit ihrem langen Haar und legte sein Haupt an ihr Herz, sodass es von Menschenglück und einer unsterblichen Seele träumte.

„Du fürchtest doch das Meer nicht, mein stummes Kind?", sagte er, als sie auf dem prächtigen Schiff standen. Er erzählte ihr vom Sturm und von der Windstille, von seltsamen Fischen in der Tiefe und von dem, was die Taucher gesehen haben. Sie lächelte bei seiner Erzählung, sie wusste ja besser als irgendein anderer, was auf dem Meeresgrund vorging.

In der mondhellen Nacht, als alle schliefen bis auf den Steuermann, der am Ruder stand, saß sie an der Reling und sah durch das klare Wasser hinunter. Sie glaubte, das Schloss ihres Vaters zu erblicken. Hoch oben stand die alte Großmutter mit der Silberkrone auf dem Haupt und sah durch die reißenden Ströme zum Kiel des Schiffes empor. Da kamen ihre Schwestern aus der Tiefe herauf, schauten sie traurig an und rangen ihre weißen Hände. Sie winkte ihnen, lächelte und wollte erzählen, wie gut es ihr ging und wie glücklich sie war. Aber der Schiffsjunge näherte sich ihr und die Schwestern tauchten unter, sodass er glaubte, das Weiße, das er gesehen hatte, wäre Schaum auf dem Meer gewesen.

Am nächsten Morgen segelte das Schiff in den Hafen ein. Alle Kirchenglocken läuteten, und von den hohen Türmen wurden Posaunen geblasen, während die Soldaten mit wehenden Fahnen und blitzenden Bajonetten dastanden. Jeden Tag gab es ein Fest. Bälle und Gesellschaften folgten aufeinander, aber die Prinzessin war noch nicht da. Sie werde weit fort in einem heiligen Tempel erzogen, hieß es, dort lerne sie alle königlichen Tugenden. Endlich traf sie ein.

Die kleine Meerjungfrau war begierig, ihre Schönheit zu sehen, und sie musste zugeben, eine lieblichere Gestalt hatte sie noch nie erblickt. Die Haut war so fein und zart, und hinter den langen dunklen Wimpern lächelten ein Paar schwarzblaue treue Augen.

„Du bist es!", sagte der Prinz. „Du, die mich gerettet hat, als ich wie ein Toter an der Küste lag!" Und er drückte seine errötende Braut an die Brust. „Oh, ich bin überglücklich!", sagte er zur kleinen Meerjungfrau. „Das Beste, was ich niemals erhoffen konnte, ist mir erfüllt worden. Du wirst dich über mein Glück freuen, denn du meinst es von allen am besten mit mir!" Und die kleine Meerjungfrau küsste seine Hand, und ihr schien, als bräche schon ihr Herz. Sein Hochzeitsmorgen würde ihr ja den Tod bringen und sie in Meeresschaum verwandeln.

Alle Kirchenglocken läuteten. Die Herolde ritten in den Straßen umher und verkündeten die Verlobung. Auf allen Altären brannte duftendes Öl in kostbaren Silberlampen. Die Priester schwangen die Rauchfässer, und Braut und Bräutigam reichten einander die Hand und erhielten den Segen des Bischofs. Die kleine Meerjungfrau war in Seide und Gold gekleidet und hielt die Schleppe der Braut, aber ihre Ohren hörten nicht die festliche Musik, ihre Augen sahen nicht die heilige Zeremonie. Sie dachte an ihre Todesnacht und an all das, was sie in dieser Welt verloren hatte.

Noch am selben Abend gingen die Braut und der Bräutigam an Bord des Schiffes. Die Kanonen donnerten, alle Flaggen wehten, und mitten auf dem Schiff war ein Zelt aus Gold und Purpur und mit den schönsten Kissen errichtet, da sollte das Brautpaar in der kühlen stillen Nacht schlafen.

Die Segel blähten sich im Winde, und das Schiff glitt leicht und ohne große Bewegung über die klare See dahin. Als es dunkelte, wurden bunte Lampen angezündet und die Seeleute tanzten lustige Tänze auf dem Deck. Die kleine Meerjungfrau musste daran denken, wie sie das erste Mal aus dem Meer aufgetaucht war und die gleiche Pracht und Freude gesehen hatte. Sie wirbelte mit im Tanz, schwebte, wie die Schwalbe schwebt, wenn sie verfolgt wird; und alle jubelten ihr vor Bewunderung zu. Nie hatte sie so herrlich getanzt. Es schnitt ihr wie scharfe Messer in die zarten Füße, aber sie fühlte es nicht, denn es schnitt ihr noch schmerzlicher durch das Herz. Sie wusste, es war der letzte Abend, an dem sie ihn sah, für den sie ihre Verwandten und ihre Heimat verlassen, ihre schöne Stimme hergegeben und täglich unendliche Qualen gelitten hatte, ohne dass er es ahnte. Es war die letzte Nacht, dass sie dieselbe Luft einatmete wie er, das tiefe Meer und den sternenhellen Himmel sah. Eine ewige Nacht ohne Gedanken und Traum erwartete sie. Die kleine Meerjungfrau lachte und tanzte mit Todesgedanken im Herzen. Der Prinz küsste seine schöne Braut, und sie spielte mit seinem schwarzen Haar, und Arm in Arm gingen sie in das prächtige Zelt.

Es wurde still und ruhig auf dem Schiff. Nur der Steuermann stand am

Ruder. Die kleine Meerjungfrau legte ihre weißen Arme an die Reling und blickte gegen Osten nach der Morgenröte. Der erste Sonnenstrahl, wusste sie, würde sie töten. Da sah sie ihre Schwestern aus dem Meer aufsteigen; sie waren bleich und ihre langen schönen Haare wehten nicht mehr im Wind, sie waren abgeschnitten.

„Wir haben sie der Hexe gegeben, damit sie Hilfe bringe und du diese Nacht nicht sterben musst! Sie gab uns ein Messer, hier ist es! Siehst du, wie scharf es ist? Bevor die Sonne aufgeht, musst du es in das Herz des Prinzen stoßen, und wenn sein warmes Blut deine Füße bespritzt, dann wachsen sie zu einem Fischschwanz zusammen und du wirst wieder eine Meerjungfrau, kannst zu uns ins Wasser hinabschwimmen und lebst deine dreihundert Jahre. Beeil dich! Er oder du musst sterben, bevor die Sonne aufgeht! Unsere alte Großmutter trauert so, dass ihr weißes Haar gefallen ist wie das unsrige unter der Schere der Hexe. Töte den Prinzen und komm zurück! Beeil dich! Siehst du den roten Streifen am Himmel? In wenigen Minuten geht die Sonne auf und dann musst du sterben!"

Sie stießen einen seltsam tiefen Seufzer aus und versanken in den Wogen. Die kleine Meerjungfrau zog den Purpurteppich vom Zelt fort und sah die schöne Braut mit ihrem Haupt an des Prinzen Brust ruhen. Sie beugte sich nieder, küsste ihn auf seine Stirn, sah zum Himmel auf, wo die Morgenröte mehr und mehr leuchtete, sah auf das scharfe Messer und heftete die Augen wieder auf den Prinzen, der im Traum seine Braut beim Namen nannte. Nur sie war in seinen Gedanken, und das Messer zitterte in der Hand der Meerjungfrau.

Da warf sie es weit hinaus in die Wogen. Wo es aufschlug, leuchtete das Wasser rot wie Blut. Noch einmal sah sie mit halb gebrochenem Blick auf den Prinzen, stürzte sich vom Schiff in das Meer hinab und fühlte, wie ihr Körper sich in Schaum auflöste.

Nun stieg die Sonne aus dem Meer auf, die Strahlen fielen so mild und warm auf den Schaum und die kleine Meerjungfrau fühlte nichts vom Tode. Sie sah die helle Sonne und über ihr schwebten Hunderte von durchsichtigen, herrlichen Geschöpfen. Ihre Stimmen waren eine Melodie, aber so fein, dass kein menschliches Ohr sie hören, kein irdisches Auge sie sehen konnte. Ohne Schwingen schwebten sie durch die Luft.

Die kleine Meerjungfrau sah, dass sie auch so einen Körper hatte, der sich mehr und mehr aus dem Schaum erhob.

„Wohin komme ich?", fragte sie und ihre Stimme klang wie die der anderen Wesen, so fein, dass keine irdische Musik sie wiedergeben kann.

„Zu den Töchtern der Luft!", antworteten die andern. „Die Meerjungfrau hat keine unsterbliche Seele und kann sie nie erhalten, wenn sie nicht eines Menschen Liebe gewinnt. Die Töchter der Luft können sich selbst durch gute Taten eine unsterbliche Seele schaffen. Wir fliegen in die warmen Länder, wo die schwüle Pestluft die Menschen tötet, dort fächeln wir Kühlung. Wir breiten den Duft der Blumen durch die Luft aus und senden Stärkung und Heilung. Nach dreihundert Jahren in solchem Bestreben erhalten wir Teil am ewigen Glück. Du arme kleine Meerjungfrau hast mit ganzem Herzen nach demselben gestrebt wie wir. Du hast gelitten und geduldet, hast dich zur Luftgeisterwelt erhoben und kannst dir nun selbst durch gute Werke eine unsterbliche Seele erringen."

Und die kleine Meerjungfrau hob ihre Arme Gottes Sonne entgegen, und zum ersten Mal fühlte sie Tränen. Auf dem Schiff war wieder Lärm und Leben. Sie sah den Prinzen mit seiner schönen Braut nach ihr suchen, wehmütig betrachteten sie den perlenden Schaum, als ob sie wüssten, dass sie sich in die Wogen gestürzt hatte. Unsichtbar küsste sie die Stirn der Braut, lächelte dem Prinzen zu und stieg mit den anderen Kindern der Luft zu der rosenroten Wolke hinauf, welche die Luft durchsegelte.

„Nach dreihundert Jahren schweben wir so in das Reich Gottes hinein!"

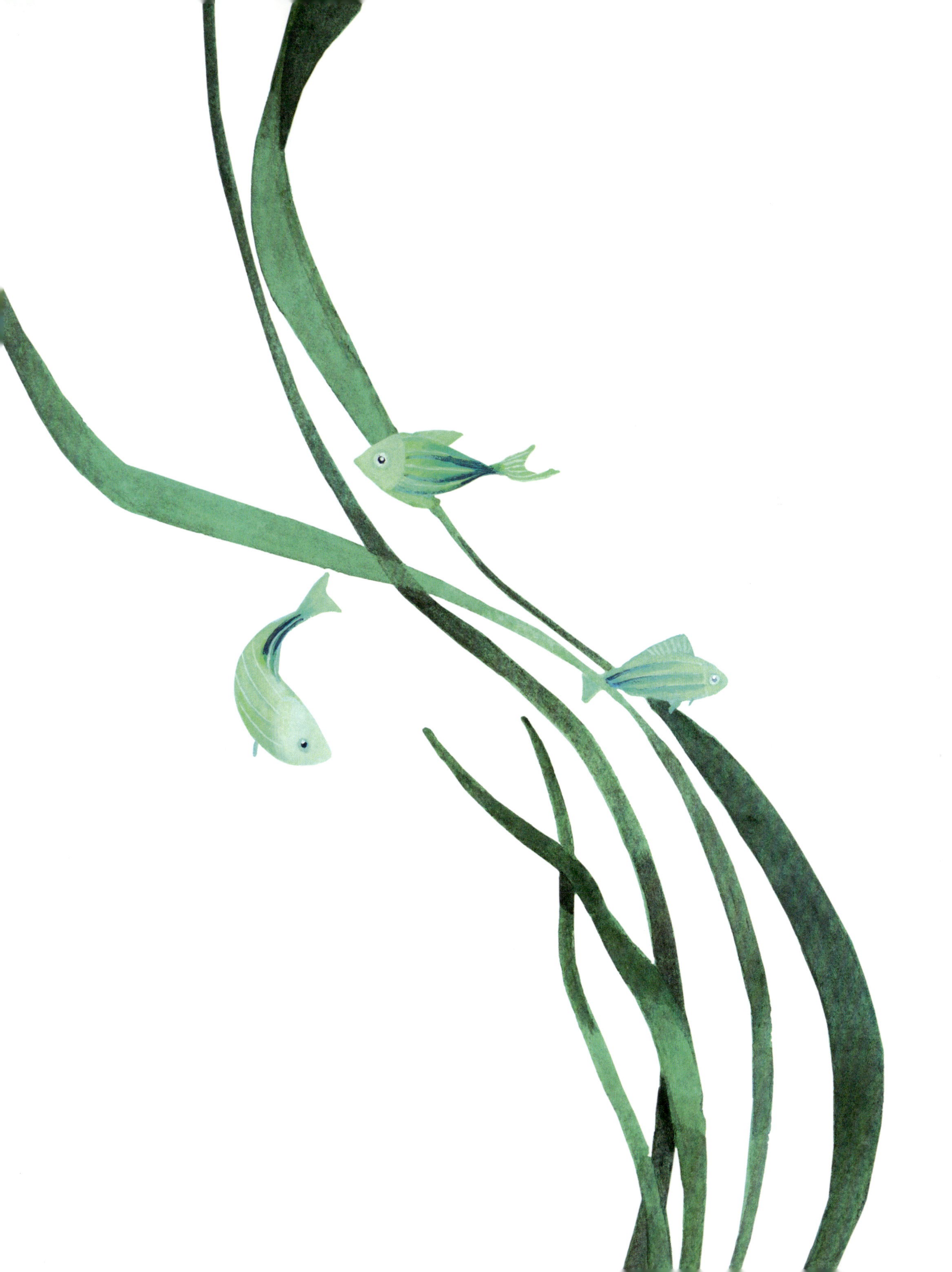

Die Schneekönigin

Ein Märchen in sieben Geschichten

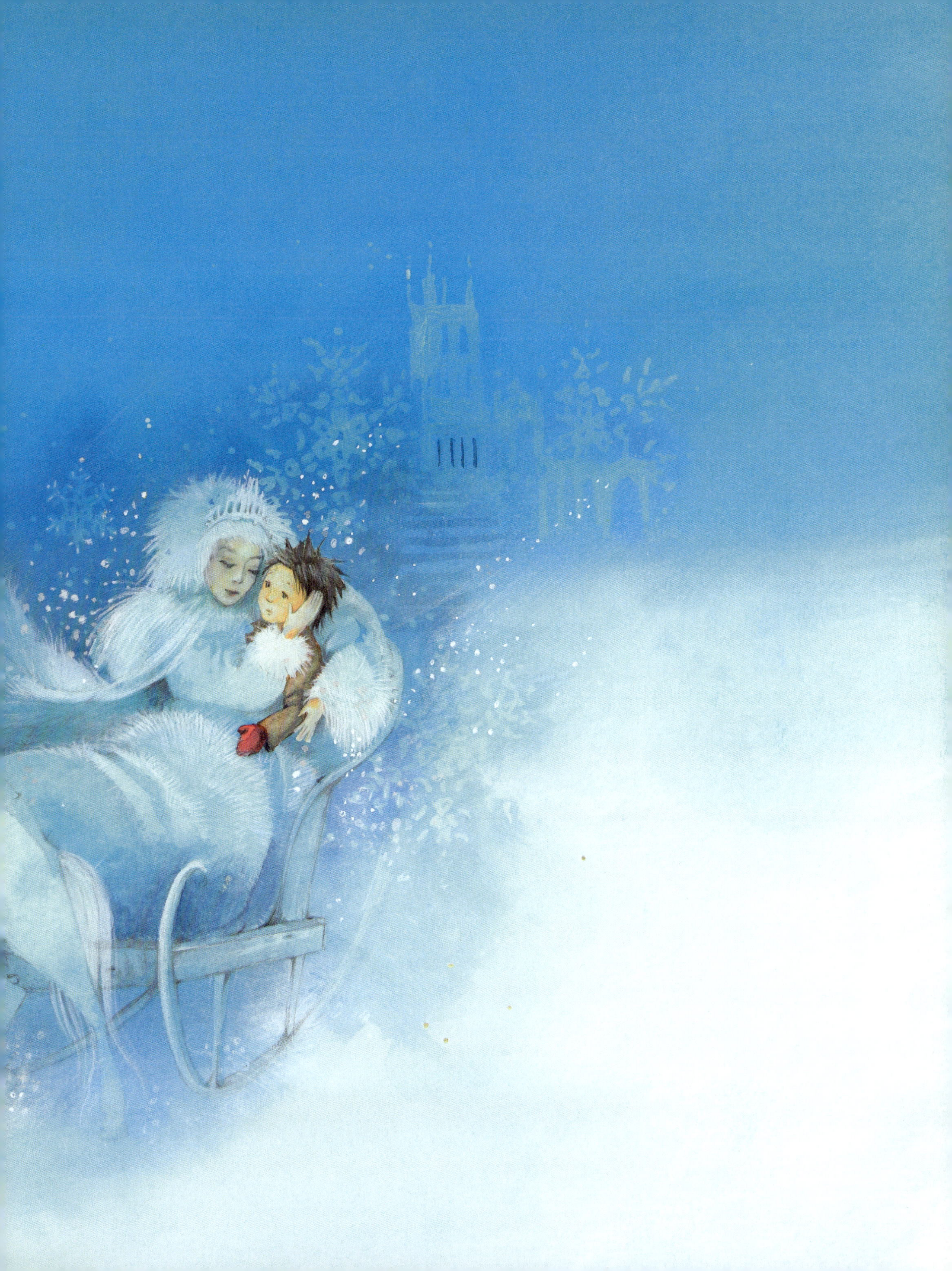

Erste Geschichte

Die von dem Spiegel und den Scherben handelt

Seht! Nun fangen wir an. Wenn wir am Ende der Geschichte sind, wissen wir mehr, als wir jetzt wissen, denn es war ein böser Kobold! Es war einer der allerärgsten, es war der Teufel!
Eines Tages war er bei richtig guter Laune, denn er hatte einen besonderen Spiegel gemacht. Alles Gute und Schöne, was sich darin spiegelte, schwand fast zu nichts zusammen. Aber das, was nichts taugte und sich schlecht ausnahm, das trat deutlich hervor und wurde noch schlimmer. Die herrlichsten Landschaften sahen darin aus wie gekochter Spinat, und die besten Menschen wurden widerlich oder standen auf dem Kopf. Die Gesichter wurden so verdreht, dass sie nicht zu erkennen waren, und hatte man eine Sommersprosse, so konnte man gewiss sein, dass sie über Mund und Nase lief. Das sei sehr belustigend, sagte der Teufel. Ging nun ein guter, frommer Gedanke durch einen Menschen, dann kam ein Grinsen in den Spiegel, sodass der Teufel über seine kunstvolle Erfindung lachen musste. Alle, die in die Koboldschule gingen, erzählten ringsumher, dass ein Wunder geschehen sei: Nun könne man erst sehen, wie die Welt und die Menschen wirklich aussähen. Sie liefen mit dem Spiegel umher, und zuletzt gab es kein Land und keinen Menschen mehr, der nicht verdreht darin gesehen wurde. Da wollten sie auch zum Himmel selbst hinauffliegen, um sich über die

Engel und den lieben
Gott lustig zu machen.
Je höher sie mit dem
Spiegel flogen, umso mehr grinste er, sie
konnten ihn kaum halten. Die Teufel flogen
höher und höher, Gott und den Engeln näher.
Da erzitterte der Spiegel so fürchterlich in seinem
Grinsen, dass er ihnen aus den Händen fiel und zur Erde
stürzte, wo er in hundert Millionen, Billionen und noch
mehr Stücke ging.
Und da gerade richtete er viel größeres Unglück an als zuvor.
Einige Stücke waren kaum so groß wie ein Sandkorn, und diese
flogen ringsumher in der weiten Welt, und wo sie den Leuten ins
Auge kamen, da blieben sie sitzen, und da sahen die Menschen alles
verkehrt oder hatten nur Augen für das, was an einer Sache falsch war.
Denn jede kleine Spiegelscherbe hatte dieselben Kräfte, die der ganze Spiegel
besessen hatte.
Einige Menschen bekamen eine kleine Spiegelscherbe ins Herz, und dann
war es ganz entsetzlich. Das Herz wurde wie ein Klumpen Eis. Einige
Spiegelscherben waren so groß, dass sie als Fensterscheiben gebraucht
wurden. Aber es war nicht gut, dadurch seine Freunde anzusehen. Andere
Stücke kamen in Brillen, und wenn die Leute diese Brillen aufsetzten, fiel es
ihnen schwer, richtig zu sehen und gerecht zu sein.
Der Böse lachte, dass ihm der Bauch wackelte, und das kitzelte ihn so schön.
Aber draußen flogen immer noch kleine Glasscherben in der Luft umher.
Nun, wir werden es hören!

Zweite Geschichte

Ein kleiner Junge und ein kleines Mädchen

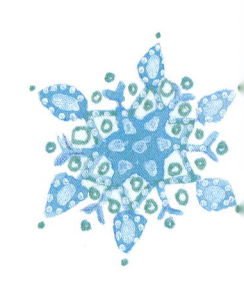

In der großen Stadt, wo so viele Menschen und Häuser sind und nicht Platz genug, dass alle Leute einen kleinen Garten haben können, und wo sich darum die meisten mit ein paar Blumentöpfen begnügen müssen, lebten zwei arme Kinder, die einen etwas größeren Garten hatten als nur einen Blumentopf. Sie waren nicht Bruder und Schwester, aber sie standen sich so nahe, als wären sie es gewesen.

Die Eltern wohnten einander gerade gegenüber in zwei Dachkammern. Wo das Dach des einen Nachbarhauses gegen das andere stieß und die Wasserrinne zwischen den Dächern entlanglief, dort war in jedem Haus ein kleines Fenster. Man brauchte nur über die Rinne zu steigen, so konnte man von dem einen Fenster zum anderen kommen.

Die Eltern hatten draußen jeder einen Holzkasten, und darin wuchsen Küchenkräuter und ein kleiner Rosenstock. Es stand in jedem Kasten einer, die wuchsen so herrlich!

Nun fiel es den Eltern ein, die Kästen quer über die Rinne zu stellen, sodass sie fast vom einen Fenster zum andern reichten und wie zwei Blumenwälle aussahen.

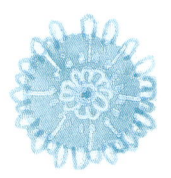

Erbsenranken hingen über die Kästen herunter, und die Rosenstöcke trieben lange Zweige, die sich um die Fenster rankten und einander entgegenbogen wie ein Tor von Grün und Blüten. Da die Kästen sehr hoch waren und die Kinder wussten, dass sie nicht hinaufklettern durften, bekamen sie oft die Erlaubnis, zueinander hinauszusteigen und auf ihren kleinen Schemeln unter den Rosen zu sitzen, und dort spielten sie dann prächtig.

Im Winter war dieses Vergnügen aber vorbei. Die Fenster waren oft ganz zugefroren, aber dann wärmten sie Kupferschillinge auf dem Ofen und legten die warme Münze gegen die gefrorene Scheibe, und so entstand ein schönes Guckloch, so rund, so rund. Dahinter guckte ein liebes, sanftes Auge hervor, eines aus jedem Fenster – das waren der kleine Junge und das kleine Mädchen. Er hieß Kay und sie hieß Gerda. Im Sommer konnten sie mit einem Sprung zueinanderkommen, im Winter mussten sie erst die vielen Treppen hinunter und die vielen Treppen hinauf, denn draußen fegte der Schnee.

„Das sind die weißen Bienen, die schwärmen", sagte die alte Großmutter.

„Haben sie auch eine Bienenkönigin?", fragte der kleine Junge, denn er wusste, dass es unter den wirklichen Bienen eine Königin gab.

„Die haben sie!", sagte die Großmutter. „Sie fliegt dort, wo es am dichtesten schwärmt! Es ist die größte von allen, und nie bleibt sie still auf der Erde, sie fliegt wieder hinauf in die schwarze Wolke. Manche Mitternacht fliegt sie durch die Straßen der Stadt und blickt zu den Fenstern hinein, und dann frieren sie so wunderbar zu und sehen wie Blumen aus."

„Ja, das haben wir gesehen", sagten beide Kinder und wussten nun, dass es wahr war.

„Kann die Schneekönigin zu uns hereinkommen?", fragte das kleine Mädchen.

„Soll sie nur kommen!", sagte der Junge. „Dann setze ich sie auf den warmen Ofen und dann schmilzt sie."

Aber die Großmutter kämmte sein Haar und erzählte andere Geschichten. Am Abend, als der kleine Kay zu Hause war, kletterte er auf den Stuhl am Fenster und guckte durch das kleine Loch. Ein paar Schneeflocken fielen draußen, und eine von ihnen, die allergrößte, blieb auf dem Rand eines Blumenkastens liegen. Sie wuchs mehr und mehr und wurde zuletzt eine ganze Frau, in den feinsten weißen Stoff gekleidet, der wie aus Millionen sternartiger Flocken zusammengesetzt war. Sie war so schön und fein, aber aus Eis, aus blendendem, blinkendem Eis, und doch war sie lebendig. Die Augen blitzten wie zwei klare Sterne, aber es war keine Ruhe in ihnen. Sie nickte zum Fenster und winkte mit der Hand. Der kleine Junge erschrak und sprang vom Stuhl herunter. Da war es, als ob draußen ein großer Vogel am Fenster vorbeiflöge.

Am nächsten Tag gab es klaren Frost und dann Tauwetter – und dann kam der Frühling. Die Sonne schien, das Grün guckte hervor, die Schwalben bauten Nester, die Fenster wurden geöffnet und die Kinder saßen wieder in ihrem kleinen Garten hoch oben in der Dachrinne über allen Stockwerken. Die Rosen blühten diesen Sommer so unvergleichlich. Das kleine Mädchen hatte ein Lied gelernt, in dem von Rosen die Rede war, und bei den Rosen dachte sie an ihre eigenen. Sie sang es dem kleinen Jungen vor und er sang mit:

„Die Rosen, sie blühn und verwehen,
Wir werden das Christkindlein sehen!"

Und die Kleinen hielten sich an der Hand, küssten die Rosen, blickten in Gottes hellen Sonnenschein und sprachen zu ihm, als ob das Jesuskind da

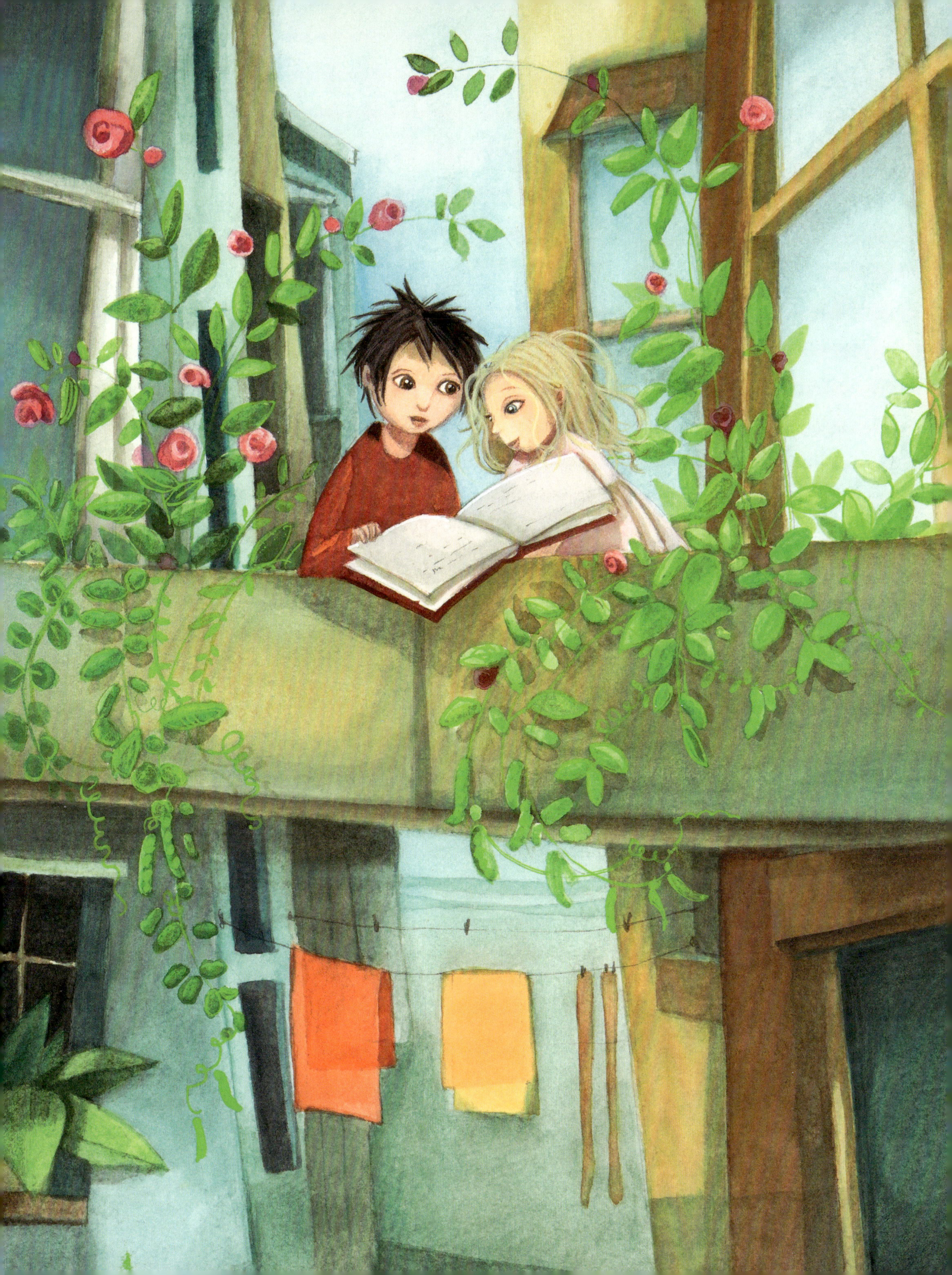

wäre. Was waren das für herrliche Sommertage, wie schön war es – draußen bei den frischen Rosenstöcken, die blühten, als wollten sie niemals damit aufhören!

Kay und Gerda saßen und sahen ein Bilderbuch mit Tieren und Vögeln an, da geschah es – die Uhr schlug gerade fünf vom großen Kirchturm –, dass Kay sagte: „Au! Es stach mich ins Herz, und nun bekam ich etwas ins Auge hinein!"

Das kleine Mädchen fasste ihn um den Hals. Er blinzelte mit den Augen. Nein, es war gar nichts zu sehen.

„Ich glaube, es ist weg", sagte er, aber weg war es nicht. Es war gerade eins von jenen Glaskörnern, die vom Spiegel gesprungen waren, dem Zauberspiegel, wir erinnern uns noch an ihn: das hässliche Glas, das alles Große und Gute klein und hässlich machte; aber das Böse und Schlechte trat ordentlich hervor, und jeder Fehler an einer Sache war gleich zu bemerken. Der arme Kay hatte auch ein Körnchen gerade ins Herz hineinbekommen. Das würde bald wie ein Eisklumpen werden. Nun tat es nicht mehr weh, aber das Körnchen war da.

„Warum weinst du?", fragte er. „Du siehst so hässlich aus! Mir fehlt ja nichts. Pfui!", rief er auf einmal. „Die Rose dort hat einen Wurmstich! Und sieh, diese da ist ganz schief! Im Grunde sind es hässliche Rosen. Sie gleichen dem Kasten, in dem sie stehen." Und dann stieß er mit dem Fuß gegen den Kasten und riss die beiden Rosen ab.

„Kay, was tust du?", rief das kleine Mädchen; und als er ihren Schrecken sah, riss er gleich noch eine Rose ab und sprang dann in sein Fenster hinein, von der kleinen lieben Gerda fort.

Wenn sie mit dem Bilderbuch kam, sagte er, dass das für Wickelkinder sei.

Und erzählte die Großmutter Geschichten, so wusste er immer ein Aber. Und wenn er Lust dazu hatte, dann ging er hinter ihr her, setzte eine Brille auf und machte sie nach. Das war ganz treffend, und die Leute lachten über ihn.

Bald konnte er sprechen und gehen wie alle Menschen in der ganzen Straße. Alles, was an ihnen eigentümlich und unschön war, das wusste Kay nachzumachen, und die Leute sagten: „Das ist bestimmt ein ausgezeichneter Kopf, den der Junge hat!" Aber es war das Glas, das er ins Auge bekommen hatte, das Glas, das ihm im Herzen saß. Daher kam es auch, dass er selbst die kleine Gerda neckte, die ihm doch von ganzer Seele gut war.

Seine Spiele wurden nun anders als früher, sie waren so verständig. An einem Wintertag, als die Schneeflocken fegten, kam er mit einem großen Brennglas, hielt seinen blauen Rockzipfel hinaus und ließ die Schneeflocken darauffallen.

„Sieh nur in das Glas, Gerda!", sagte er, und jede Schneeflocke wurde viel größer und sah aus wie eine prächtige Blume oder ein zehneckiger Stern. Es war herrlich anzusehen. „Siehst du, wie kunstvoll!", sagte Kay. „Das ist viel interessanter als die wirklichen Blumen! Und es ist kein einziger Fehler daran, sie sind ganz gleichmäßig, wenn sie nur nicht schmelzen würden."

Bald darauf kam Kay mit großen Handschuhen und seinem Schlitten auf dem Rücken. Er rief Gerda zu: „Ich darf auf dem großen Platz fahren, wo die andern Jungen spielen!", und weg war er.

Dort auf dem Platz banden die frechsten Jungen ihre Schlitten an die Bauernwagen, und dann fuhren sie ein gutes Stück mit. Das war lustig. Als sie am besten spielten, kam ein großer Schlitten. Er war ganz weiß gestrichen, und in ihm saß jemand in einen weißen Pelz gehüllt und mit einer weißen Mütze auf dem Kopf. Der Schlitten fuhr zweimal um den Platz herum, und Kay band seinen kleinen Schlitten schnell daran fest und fuhr mit. Es ging rascher und rascher, gerade hinein in die nächste Straße. Die Gestalt im Schlitten drehte sich um und nickte Kay freundlich zu. Es war, als ob sie einander kannten. Jedes Mal wenn Kay seinen kleinen Schlitten losbinden wollte, nickte die Gestalt wieder, und dann blieb Kay sitzen, und so fuhren sie zum Stadttor hinaus. Da begann der Schnee so dicht herabzufallen, dass der kleine Junge nicht die Hand vor den Augen sehen konnte. Nun ließ er schnell die Schnur los, um von dem großen Schlitten freizukommen, aber das half nichts. Sein kleines Fuhrwerk hing fest, und es ging mit Windeseile vorwärts. Da rief er ganz laut, aber niemand hörte ihn, und der Schnee stob auf, und der Schlitten flog von dannen. Mitunter gab es einen Sprung; es war, als führe er über Gräben und Hecken.

Der Junge war ganz erschrocken, er wollte ein Vaterunser beten, aber er konnte sich nur an das große Einmaleins erinnern. Die Schneeflocken wurden größer und größer, zuletzt sahen sie aus wie riesige weiße Hühner. Auf einmal sprangen sie zur Seite, der große Schlitten hielt, und die Gestalt darin erhob sich. Pelz und Mütze waren lauter Schnee. Es war eine Dame, so groß und rank, so glänzend weiß.

Es war die Schneekönigin.

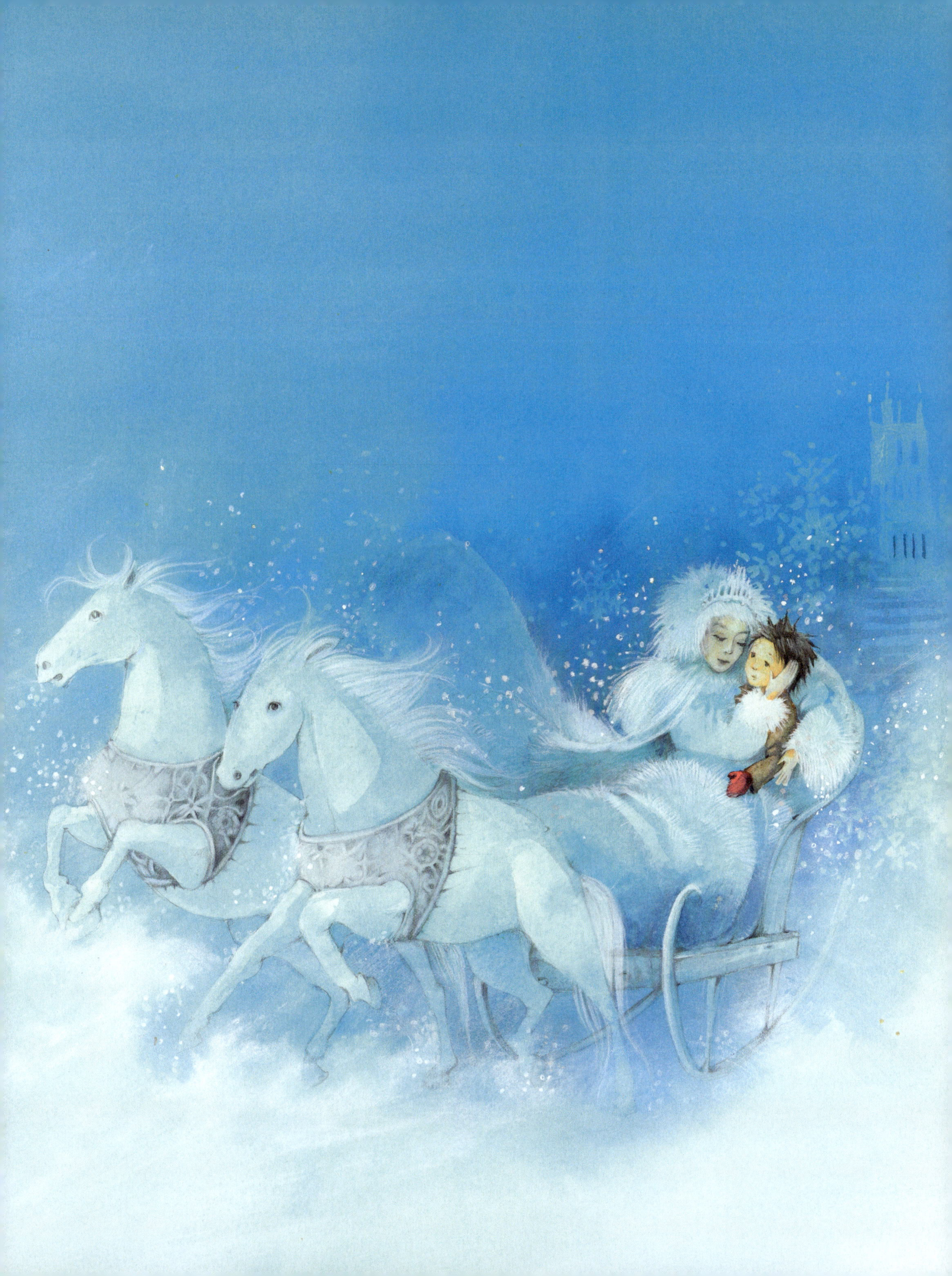

„Wir sind gut vorangekommen", sagte sie, „aber wer wird denn frieren! Krieche in meinen Bärenpelz!"

Und sie setzte ihn neben sich in den Schlitten und schlug den Pelz um ihn. Es war, als versinke er in einem Schneetreiben.

„Friert dich noch?", fragte sie, und dann küsste sie ihn auf die Stirn. Uh, das war kälter als Eis! Das ging ihm gerade ins Herz hinein, das ja schon halb ein Eisklumpen war. Es war, als sollte er sterben, aber nur einen Augenblick, dann tat es ihm recht wohl und er spürte nichts mehr von der Kälte um sich her.

„Meinen Schlitten! Vergiss nicht meinen Schlitten!" Daran dachte er zuerst, und der kleine Schlitten wurde an eins der weißen Hühnchen gebunden, und dieses flog mit dem Schlitten auf dem Rücken hinterher. Die Schneekönigin küsste Kay noch einmal, und da hatte er die kleine Gerda, die Großmutter und alle daheim vergessen.

„Nun bekommst du keine Küsse mehr!", sagte sie. „Denn sonst küsse ich dich tot!"

Kay sah sie an. Sie war so hübsch! Ein klügeres, schöneres Gesicht konnte er sich nicht vorstellen. Nun schien sie nicht aus Eis zu sein wie damals, als sie draußen vor dem Fenster saß und ihm winkte. In seinen Augen war sie vollkommen, er spürte gar keine Angst. Er erzählte ihr, dass er kopfrechnen könne und sogar mit Brüchen, er wisse die Quadratmeilen des Landes und die Einwohnerzahl, und sie lächelte immer. Da kam es ihm vor, als wäre es doch nicht genug, was er wusste, und er sah hinauf in den weiten, weiten Himmel. Und sie flog mit ihm, flog hoch hinauf auf die schwarze Wolke, und der Sturm sauste und brauste. Es war, als sänge er alte Lieder. Sie flogen über Wälder und Seen, über Meere und Länder. Unter ihnen sauste der kalte Wind, die Wölfe heulten, der Schnee funkelte. Über ihm flogen die schwarzen schreienden Krähen dahin, aber hoch oben schien der Mond so groß und klar, und auf ihn sah Kay die lange, lange Winternacht hindurch. Am Tage schlief er zu den Füßen der Schneekönigin.

Dritte Geschichte

Der Blumengarten bei der Frau, die zaubern konnte

Aber wie erging es der kleinen Gerda, als Kay nicht zurückkehrte?
Wo war er nur? Niemand wusste es, niemand konnte Bescheid geben. Die Jungen erzählten, dass sie gesehen hätten, wie er seinen kleinen Schlitten an einen prächtigen großen band, der in die Straße hinein- und zum Stadttor hinausgefahren sei. Niemand wusste, wo er war. Viele Tränen flossen. Die kleine Gerda weinte so sehr und so lange. Dann hieß es, er sei tot, er sei in dem Fluss ertrunken, der nah an der Stadt vorbeifloss. Oh, das waren lange dunkle Wintertage!
Nun kam der Frühling mit wärmerem Sonnenschein.
„Kay ist tot und fort!", sagte die kleine Gerda.
„Das glaube ich nicht!", sagte der Sonnenschein.
„Er ist tot und fort!", sagte sie zu den Schwalben.
„Das glauben wir nicht!", antworteten sie, und zuletzt glaubte die kleine Gerda es auch nicht mehr.
„Ich will meine neuen roten Schuhe anziehen", sagte sie eines Morgens, „die, welche Kay nie gesehen hat, und dann will ich zum Fluss hinuntergehen und den nach ihm fragen!"
Es war ganz früh. Sie küsste die alte Großmutter, die noch schlief, zog die roten Schuhe an und ging ganz allein aus dem Tor zum Fluss.

„Ist es wahr, dass du mir meinen kleinen Spielkameraden genommen hast? Ich will dir meine roten Schuhe schenken, wenn du ihn mir wiedergeben willst!"

Und es war ihr, als nickten die Wellen ganz wunderlich. Da nahm sie ihre roten Schuhe, das Liebste, was sie hatte, und warf sie alle beide in den Fluss hinein. Aber sie fielen nah ans Ufer und die kleinen Wellen trugen sie ihr schnell wieder ans Land. Es war, als ob der Fluss das Liebste, was sie hatte, nicht haben wollte, weil er ja den kleinen Kay nicht hatte. Aber Gerda glaubte, dass sie die Schuhe nicht weit genug hinausgeworfen hätte, und so kletterte sie in ein Boot, das im Schilf lag. Sie ging ganz an dessen äußerstes Ende und schleuderte die Schuhe in den Fluss. Aber das Boot war nicht festgebunden, und bei der Bewegung, die sie machte, legte es ab. Gerda bemerkte es und beeilte sich, herauszukommen. Doch das Boot war schon ein Stück weit vom Ufer entfernt, und nun trieb es schneller davon.

Da erschrak die kleine Gerda sehr und fing an zu weinen. Niemand hörte sie außer den Sperlingen, und die konnten sie nicht ans Land tragen. Sie flogen jedoch am Ufer entlang und sangen, um sie zu trösten: „Hier sind wir, hier sind wir!"

Das Boot trieb mit dem Strome. Die kleine Gerda saß ganz still, nur mit Strümpfen an den Füßen. Die roten Schuhe trieben hinter ihr her, aber sie konnten das Boot nicht erreichen; es hatte schnellere Fahrt.

Hübsch war es an beiden Ufern, schöne Blumen, alte Bäume und Abhänge mit Schafen und Kühen, aber nicht ein Mensch war zu sehen.

„Vielleicht trägt mich der Fluss zum kleinen Kay", dachte Gerda, und da wurde sie heiterer, erhob sich und sah viele Stunden auf die schönen grünen Ufer. Dann kam sie zu einem großen Kirschgarten, in dem ein kleines Haus mit wunderlichen roten und blauen Fenstern stand. Es hatte ein Strohdach und draußen waren zwei hölzerne Soldaten, die das Gewehr schulterten. Gerda rief zu ihnen hinüber, sie glaubte, dass sie lebendig wären, aber sie antworteten natürlich nicht. Sie kam ihnen ganz nahe, der Fluss trieb das Boot gerade aufs Land zu.

Gerda rief noch lauter, und da trat aus dem Hause eine alte, alte Frau, die sich auf einen Krückstock stützte. Sie hatte einen großen Sonnenhut auf, und der war mit den schönsten Blumen bemalt.

„Du armes kleines Kind!", sagte die alte Frau. „Wie bist du denn auf den großen reißenden Strom gekommen und so weit in die Welt hinausgetrieben!" Und dann ging die alte Frau ins Wasser hinein, erfasste mit ihrem Krückstock das Boot, zog es an Land und hob die kleine Gerda heraus.

Gerda war froh, wieder aufs Trockene zu kommen, obwohl sie sich vor der fremden alten Frau doch ein bisschen fürchtete.

„Komm und erzähle mir, wer du bist und wie du hierherkommst!", sagte die.

Und Gerda erzählte ihr alles.

Die Alte schüttelte den Kopf und sagte: „Hm! Hm!"

Als ihr Gerda alles gesagt und gefragt hatte, ob sie nicht den kleinen Kay gesehen habe, sagte die Frau, dass er nicht vorbeigekommen sei, aber er komme wohl noch, sie solle nur nicht traurig sein, sondern ihre Kirschen kosten und ihre Blumen ansehen, die seien schöner als irgendein Bilderbuch, und eine jede könne eine Geschichte erzählen.

Dann nahm sie Gerda bei der Hand. Sie gingen in das kleine Haus hinein, und die alte Frau schloss die Tür zu. Die Fenster lagen sehr hoch, und die Scheiben waren rot, blau und gelb; das Tageslicht schimmerte in allen Farben so wunderlich darin, aber auf dem Tische standen die schönsten Kirschen, und Gerda aß davon, so viel sie wollte, denn das durfte sie.

Und während sie aß, kämmte die alte Frau ihr Haar mit einem goldenen Kamm, und das Haar ringelte sich und glänzte so herrlich gelb rings um das kleine freundliche Gesicht, das so rund war und wie eine Rose aussah.

„Nach einem so süßen kleinen Mädchen habe ich mich immer gesehnt", sagte die Alte. „Nun wirst du sehen, wie gut wir miteinander auskommen werden!" Und je länger sie das Haar der kleinen Gerda kämmte, desto mehr vergaß Gerda ihren Kay, denn die alte Frau konnte zaubern. Aber eine böse Zauberin war sie nicht, sie zauberte nur ein wenig zu ihrem Vergnügen und wollte die kleine Gerda gern behalten.

Darum ging sie in den Garten und richtete ihren Krückstock auf alle Rosensträucher. Egal wie herrlich sie blühten, sie sanken alle in die schwarze Erde hinunter, und man konnte nicht sehen, wo sie gestanden hatten. Die Alte fürchtete, wenn Gerda die Rosen erblickte, würde sie an ihre eigenen denken, sich dann an den kleinen Kay erinnern und weiterziehen.

Nun führte sie Gerda hinaus in den Blumengarten. Was war da für ein Duft und eine Herrlichkeit! Alle nur denkbaren Blumen, und zwar für jede Jahreszeit, standen hier in prächtigster Blüte. Kein Bilderbuch konnte bunter und schöner sein. Gerda hüpfte vor Freude und spielte, bis die Sonne hinter den hohen Kirschbäumen unterging. Dann bekam sie ein schönes Bett mit roten Seidenkissen, die waren mit blauen Veilchen gestopft, und sie schlief und träumte so herrlich wie eine Königin an ihrem Hochzeitstag.

Am nächsten Tag konnte sie wieder im warmen Sonnenschein mit den Blumen spielen, und so vergingen viele Tage. Gerda kannte jede Blume, aber so viele dort auch waren, so schien es ihr doch, als ob eine fehle. Aber welche, das wusste sie nicht.

Da saß sie eines Tages und betrachtete den Sonnenhut der alten Frau mit den gemalten Blumen, und gerade die schönste darunter war eine Rose. Die Alte hatte vergessen, diese vom Hut zu nehmen, als sie die andern in die Erde versenkte. Aber so ist es, wenn man die Gedanken nicht beisammen hat!

„Was denn, sind hier keine Rosen?", fragte Gerda und sprang zwischen die Beete, suchte und suchte, aber es war keine zu finden.

Da setzte sie sich hin und weinte. Ihre heißen Tränen fielen gerade dorthin, wo ein Rosenstrauch versunken war, und als die warmen Tränen die Erde benetzten, trieb der Strauch auf einmal empor, so blühend, wie er versunken war, und Gerda umarmte ihn, küsste die Rosen und dachte an die herrlichen Rosen daheim und mit ihnen auch an den kleinen Kay.

„Oh, wie bin ich aufgehalten worden!", sagte das kleine Mädchen. „Ich wollte ja den kleinen Kay suchen! Wisst ihr nicht, wo er ist?", fragte sie die Rosen. „Glaubt ihr, dass er tot und fort ist?"

„Tot ist er nicht", antworteten die Rosen. „Wir sind ja in der Erde gewesen. Dort sind alle Toten, aber Kay war nicht da."

„Ich danke euch!", sagte die kleine Gerda und ging zu den andern Blumen, sah in deren Kelch hinein und fragte: „Wisst ihr nicht, wo der kleine Kay ist?"

Aber jede Blume stand in der Sonne und träumte ihr eigenes Märchen oder ihre eigene Geschichte. Davon hörte Gerda so viele, viele, aber keine wusste etwas von Kay.

„Es hilft mir nicht, dass ich die Blumen frage, die kennen nur ihr eigenes Lied", seufzte die kleine Gerda. „Sie sagen mir nicht Bescheid!"

Und dann lief sie zum Ende des Gartens.

Die Tür war verschlossen, aber als sie an der verrosteten Klinke rüttelte, fiel diese ab und die Tür sprang auf, und dann lief die kleine Gerda auf bloßen Füßen in die weite Welt hinaus. Sie sah dreimal zurück, aber niemand war da, der ihr folgte.

Zuletzt konnte sie nicht mehr laufen und setzte sich auf einen großen Stein; und als sie sich umsah, war der Sommer vorbei. Es war spät im Herbst, das hatte sie in dem schönen Garten gar nicht gemerkt, denn dort gab es immer Sonnenschein und Blumen aller Jahreszeiten.

„Oh, wie habe ich mich verspätet!", sagte Gerda. „Es ist ja Herbst geworden! Da darf ich nicht ruhen!" Und sie erhob sich, um weiterzugehen.

Wie waren ihre kleinen Füße so wund und müde! Ringsumher sah es kalt und rau aus. Die langen Weidenblätter waren ganz gelb, ein Blatt fiel nach dem andern zu Boden. Nur der Schlehdorn trug noch Früchte, die waren aber herb und zogen den Mund zusammen. Oh, wie war es grau und schwer in der weiten Welt!

Vierte Geschichte

Prinz und Prinzessin

Gerda musste sich wieder ausruhen. Da hüpfte auf dem Schnee, ihrem Platz gerade gegenüber, eine große Krähe. Die hatte lange dagesessen, sie betrachtet und mit dem Kopf gewackelt. Nun sagte sie: „Kra! Kra! Gu' Tag! Gu' Tag!"

Besser konnte sie es nicht sagen, aber sie meinte es gut mit dem kleinen Mädchen und fragte, wohin es so allein in die weite Welt hinausgehe. Das Wort „allein" verstand Gerda sehr gut und fühlte recht, wie viel darin lag, und sie erzählte der Krähe ihr ganzes Leben und Schicksal und fragte, ob sie Kay nicht gesehen habe.

Und die Krähe nickte ganz bedächtig und sagte: „Das könnte sein! Das könnte sein!"

„Wie? Glaubst du?", rief das kleine Mädchen und hätte fast die Krähe totgedrückt, so küsste es diese.

„Vernünftig, vernünftig!", sagte die Krähe. „Es könnte der kleine Kay gewesen sein, aber nun hat er dich sicher über der Prinzessin vergessen!"

„Wohnt er bei einer Prinzessin?", fragte Gerda.

„Ja, höre!", sagte die Krähe, „aber es fällt mir so schwer, deine Sprache zu sprechen. Verstehst du die Krähensprache? Dann kann ich besser erzählen!"

„Nein, die habe ich nicht gelernt", sagte Gerda. „Die Großmutter konnte sie. Hätte ich es nur gelernt!"

„Tut gar nichts!", sagte die Krähe. „Ich werde erzählen, so gut ich kann, aber schlecht wird es trotzdem gehen", und dann erzählte sie, was sie wusste.

„In dem Königreich, in dem wir jetzt sind, wohnt eine Prinzessin, die ist ungeheuer klug. Sie hat alle Zeitungen, die es in der Welt gibt, gelesen und wieder vergessen, so klug ist sie. Neulich saß sie auf dem Thron, und das ist doch nicht so angenehm, sagt man. Da fing sie an, ein Lied zu summen, und das war: ‚Weshalb sollt' ich nicht heiraten!' – ‚Höre, da ist was dran', sagte sie, und so beschloss sie, sich zu verheiraten. Aber sie wollte einen Mann haben, der zu antworten verstand, wenn man mit ihm sprach, einen, der nicht bloß dastand und vornehm aussah, denn das ist so langweilig. Nun ließ sie alle Hofdamen zusammentrommeln, und als die hörten, was sie wollte, wurden sie sehr vergnügt. ‚Das gefällt uns!', sagten sie. ‚Daran dachte ich neulich auch!'

Du kannst mir glauben, dass jedes Wort, das ich sage, wahr ist!", sagte die Krähe. „Ich habe eine zahme Liebste, die geht frei im Schloss umher, und die hat mir alles erzählt!"

Die Liebste war natürlich auch eine Krähe, denn wenn eine Krähe ihresgleichen sucht, ist es immer eine Krähe.

„Die Zeitungen kamen sogleich mit einem Rand von Herzen und dem Namenszug der Prinzessin heraus. Man konnte darin lesen, dass es einem jeden jungen Mann, der gut aussehe, freistände, auf das Schloss zu kommen und mit der Prinzessin zu sprechen. Derjenige, der am besten sprechen könne, den wolle die Prinzessin zum Mann nehmen. Ja, ja", sagte die Krähe, „du kannst mir glauben, es ist so wahr, wie ich hier sitze. Die Leute strömten herzu, es war ein Gedränge und ein Gelaufe. Aber es glückte nicht, weder am ersten noch am zweiten Tag. Sie konnten allesamt gut sprechen, wenn sie draußen auf der Straße waren, aber wenn sie in das Schlosstor traten und die Garde in Silber sahen und die Treppe hinauf die Lakaien in Gold und die großen erleuchteten Säle, dann waren sie verblüfft. Und standen sie gar vor dem Thron, wo die Prinzessin saß, dann wussten sie nichts zu sagen als das letzte Wort, das die Prinzessin gesagt hatte, und sie machte sich nichts daraus, das noch einmal zu hören. Es war gerade, als ob die Leute drinnen Schnupftabak auf den Magen bekommen hätten und in tiefen Schlaf gefallen wären, bis sie wieder auf die Straße kamen, ja, dann konnten sie schwatzen. Da stand eine Schlange vom Stadttor bis zum Schloss. Ich war selbst drin, um es zu sehen!", sagte die Krähe. „Sie wurden hungrig und durstig, aber auf dem Schloss bekamen sie nicht einmal ein Glas lauwarmes Wasser. Zwar hatten einige der Klügsten ein Butterbrot mitgenommen, aber sie teilten nicht mit ihren Nachbarn. Sie dachten sich: Lass ihn nur hungrig aussehen, dann nimmt die Prinzessin ihn nicht!"
„Aber Kay, der kleine Kay!", fragte Gerda. „Wann kam der? War er unter den vielen?"
„Warte, warte! Jetzt sind wir gerade bei ihm! Am dritten Tag kam eine kleine Person, ohne Pferd oder Wagen, ganz keck gerade auf das Schloss

zumarschiert. Seine Augen glänzten wie deine, er hatte schönes langes Haar, aber sonst ärmliche Kleider."

„Das war Kay!", jubelte Gerda. „Oh, dann habe ich ihn gefunden!" Und sie klatschte in die Hände.

„Er hatte einen kleinen Ranzen auf dem Rücken!", sagte die Krähe.

„Nein, das war gewiss sein Schlitten!", sagte Gerda. „Denn mit dem Schlitten ging er fort!"

„Das kann wohl sein", sagte die Krähe, „ich sah nicht so genau danach. Aber das weiß ich von meiner zahmen Liebsten: Als er in das Schlosstor kam und die Leibgarde in Silber sah und die Treppe hinauf die Lakaien in Gold, wurde er nicht im Mindesten verlegen. Er nickte und sagte zu ihnen: ‚Das muss langweilig sein, auf der Treppe zu stehen. Ich gehe lieber hinein!' Da glänzten die Säle von Lichtern. Geheimräte und Exzellenzen gingen auf bloßen Füßen und trugen Goldgefäße; man konnte wohl andächtig werden! Seine Stiefel knarrten so entsetzlich laut, aber ihm wurde doch nicht bange."

„Das ist ganz gewiss Kay!", sagte Gerda. „Ich weiß, er hatte neue Stiefel an, ich habe sie in Großmutters Stube knarren hören!"

„Ja, freilich knarrten sie!", sagte die Krähe. „Und unbekümmert ging er geradewegs zur Prinzessin hinein, die auf einer Perle so groß wie ein Spinnrad saß; und alle Hofdamen mit ihren Jungfern und den Jungfern der Jungfern, und alle Edelmänner mit ihren Dienern und den Dienern der Diener, die wieder einen Burschen hielten, standen ringsherum aufgestellt; und je näher sie der Tür standen, desto stolzer sahen sie aus. Der Bursche von des Dieners Diener, der immer in Pantoffeln geht, ist fast gar nicht mehr zu sehen, so stolz steht er in der Tür!"

„Das muss grässlich sein!", sagte die kleine Gerda. „Und Kay hat doch die Prinzessin bekommen?"

„Wäre ich nicht eine Krähe gewesen, so hätte ich sie genommen, und das, obwohl ich verlobt bin. Er soll ebenso gut gesprochen haben, wie ich spreche, wenn ich die Krähensprache spreche. Das hat meine zahme Liebste erzählt. Er war keck und niedlich. Er war gar nicht zum Freien gekommen, sondern nur, um die Klugheit der Prinzessin zu hören, und die fand er gut, und sie fand ihn wieder gut."

„Ja gewiss, das war Kay!", sagte Gerda. „Er war so klug, er konnte kopfrechnen mit Brüchen! Oh, willst du mich nicht in das Schloss führen?"

„Ja, das ist leicht gesagt!", antwortete die Krähe. „Aber wie machen wir das? Ich werde es mit meiner zahmen Liebsten besprechen; sie kann uns wohl raten. Denn das muss ich dir sagen: So ein kleines Mädchen wie du bekommt niemals die Erlaubnis, hineinzugehen!"

„Aber ja, die bekomme ich!", sagte Gerda. „Wenn Kay hört, dass ich da bin, kommt er gleich heraus und holt mich!"

„Erwarte mich dort am Gitter!", sagte die Krähe, wackelte mit dem Kopf und flog davon.

Erst spät am Abend kehrte die Krähe zurück.

„Rar! Rar!", sagte sie. „Ich soll dich vielmals von ihr grüßen, und hier ist ein kleines Brot für dich. Das nahm sie aus der Küche, dort ist Brot genug, und du bist sicher hungrig. Es ist nicht möglich, dass du in das Schloss hineinkommst, du bist ja barfuß. Die Garde in Silber und die Lakaien in Gold würden es nicht erlauben. Aber weine nicht! Du sollst schon hinaufgehen. Meine Liebste kennt eine kleine Hintertreppe, die zum Schlafgemach führt, und sie weiß, woher sie den Schlüssel bekommt."

Sie gingen in den Garten hinein, in die große Allee, wo ein Blatt nach dem andern herabfiel. Und als auf dem Schloss die Lichter ausgelöscht wurden, das eine nach dem andern, führte die Krähe die kleine Gerda zu einer Hintertür, die nur angelehnt war.

Oh, wie Gerdas Herz vor Angst und Sehnsucht klopfte! Es war ganz so, als ob sie etwas Böses tun sollte, und sie wollte doch nur wissen, ob es der kleine Kay war. Ja, er musste es sein! Sie dachte an seine klugen Augen, an sein langes Haar. Sie konnte richtig sehen, wie er lächelte, wie damals, als sie daheim unter den Rosen saßen. Er würde sicher froh sein, sie zu sehen, zu hören, welchen langen Weg sie um seinetwillen gegangen war, zu wissen, wie betrübt sie alle daheim gewesen waren, als er nicht wiederkam. Oh, das war eine Furcht und eine Freude!

Nun waren sie auf der Treppe; da brannte auf einem Schrank eine kleine Lampe. Mitten auf dem Fußboden stand die zahme Krähe und drehte den Kopf nach allen Seiten und betrachtete Gerda, die sich verneigte, wie die Großmutter sie gelehrt hatte.

„Mein Verlobter hat mir so viel Gutes von Ihnen gesagt, mein kleines Fräulein", sagte die zahme Krähe. „Ihre Vita, wie man es nennt, ist auch sehr rührend. Wollen Sie die Lampe nehmen? Dann werde ich vorangehen. Hier entlang, denn da begegnen wir niemandem."

„Es ist mir, als käme jemand hinter uns", sagte Gerda. Etwas sauste an ihr vorbei. Es war wie Schatten an der Wand: Pferde mit fliegenden Mähnen und dünnen Beinen, Jägerburschen, Herren und Damen zu Pferde.

„Das sind nur Träume", sagte die Krähe, „die kommen und holen die Gedanken der hohen Herrschaft zur Jagd ab. Das ist recht gut, dann können

Sie sie besser im Bett betrachten. Aber ich hoffe, wenn Sie zu Ehren und Würden gelangen, werden Sie ein dankbares Herz zeigen."

„Das versteht sich von selbst!", sagte die Krähe vom Walde. Nun kamen sie in den ersten Saal hinein. Der war aus rosenrotem Atlas mit kunstvollen Blumen an den Wänden: Die Träume sausten an ihnen vorbei, aber sie schwebten so schnell, dass Gerda die hohe Herrschaft nicht zu sehen bekam. Ein Saal war prächtiger als der andere, ja, man konnte wohl staunen! Nun waren sie im Schlafgemach. Hier glich die Decke einer großen Palme mit Blättern aus Glas, aus kostbarem Glas. Mitten auf dem Fußboden hingen an einem dicken Stiel aus Gold zwei Betten, von denen jedes wie eine Lilie aussah: Die eine war weiß, in der lag die Prinzessin, die andere war rot, und in dieser sollte Gerda den kleinen Kay suchen. Sie bog eins der roten Blätter zur Seite, und da sah sie einen braunen Nacken. Oh, das war Kay!

Sie rief ganz laut seinen Namen, hielt die Lampe zu ihm hin – die Träume sausten zu Pferde wieder in die Stube herein –, er erwachte, drehte den Kopf um und – es war nicht der kleine Kay.

Der Prinz glich ihm nur im Nacken, aber jung und hübsch war er. Und aus dem weißen Lilienblatte blinzelte die Prinzessin hervor und fragte, was denn wäre. Da weinte die kleine Gerda und erzählte ihre ganze Geschichte und alles, was die Krähen für sie getan hatten.

„Du arme Kleine!", sagten der Prinz und die Prinzessin, und sie lobten die Krähen und sagten, dass sie gar nicht böse auf sie seien, aber sie sollten es doch nicht öfter tun. Indessen sollten sie eine Belohnung haben.

„Wollt ihr frei fliegen?", fragte die Prinzessin. „Oder wollt ihr feste Anstellung als Hofkrähen haben, mit allem, was in der Küche abfällt?"

Und beide Krähen verneigten sich und baten um feste Anstellung, denn sie gedachten des Alters und sagten: „Es wäre schön, etwas für die alten Tage zu haben", wie sie es nannten.

Der Prinz stand aus seinem Bett auf und ließ Gerda darin schlafen, und mehr konnte er nicht tun. Sie faltete ihre kleinen Hände und dachte: „Wie doch die Menschen und Tiere gut sind!" Und dann schloss sie die Augen und schlief selig. Alle Träume kamen wieder hereingeflogen und sahen wie Gottes Engel aus. Sie zogen einen kleinen Schlitten und auf dem saß Kay und nickte. Aber das Ganze war nur Traum, und darum war es auch wieder fort, sobald sie erwachte.

Am folgenden Tage wurde sie von Kopf bis Fuß in Seide und Samt gekleidet. Man bot ihr an, auf dem Schloss zu bleiben und gute Tage zu genießen, aber sie bat nur um einen kleinen Wagen mit einem Pferd davor und ein Paar kleine Stiefel, dann wolle sie wieder in die weite Welt hinausfahren und Kay suchen.

Sie bekam Stiefel und einen Muff und wurde hübsch gekleidet, und als sie fortwollte, hielt vor der Tür eine neue Kutsche aus reinem Gold: Das Wappen des Prinzen und seiner Prinzessin glänzte an ihr wie ein Stern. Kutscher, Diener und Vorreiter, denn es waren auch Vorreiter da, saßen da mit Goldkronen auf dem Kopf. Der Prinz und die Prinzessin selbst halfen Gerda in den Wagen und wünschten ihr alles Glück.

Die Waldkrähe, die nun verheiratet war, begleitete sie die ersten drei Meilen. Sie saß ihr zur Seite, denn sie konnte nicht vertragen, rückwärts zu fahren. Die andere Krähe stand in der Tür und schlug mit den Flügeln. Sie kam nicht mit, denn sie litt an Kopfschmerzen, seitdem sie eine feste Anstellung und zu viel zu essen erhalten hatte. Inwendig war die Kutsche mit Zuckerbrezeln gefüttert, und im Sitze waren Früchte und Pfeffernüsse.

„Lebe wohl! Lebe wohl!", riefen der Prinz und die Prinzessin, und die kleine Gerda weinte, und die Krähe weinte.

So ging es die ersten Meilen; da sagte auch die Krähe Lebewohl, und das war der schwerste Abschied. Sie flog auf einen Baum und schlug mit ihren schwarzen Flügeln, solange sie den Wagen sehen konnte, der wie der helle Sonnenschein strahlte.

Fünfte Geschichte

Das kleine Räubermädchen

Sie fuhren durch den dunklen Wald und die Kutsche leuchtete wie eine Fackel. Das stach den Räubern in die Augen, das konnten sie nicht ertragen.

„Das ist Gold, das ist Gold!", riefen sie, stürzten hervor, ergriffen die Pferde, schlugen die Vorreiter, den Kutscher und die Diener tot und zogen dann die kleine Gerda aus dem Wagen.

„Sie ist fett, sie ist niedlich, sie ist mit Nusskernen gemästet!", sagte das alte Räuberweib, das einen langen struppigen Bart und Augenbrauen hatte, die ihm über die Augen herabhingen. „Das ist so gut wie ein kleines Mastlamm! Na, wie die schmecken wird!" Und dann zog sie ihr blankes Messer heraus, und das glänzte grässlich.

„Au!", sagte das Weib zur selben Zeit. Es wurde von der eigenen Tochter ins Ohr gebissen, die auf ihrem Rücken hing, so wild und unartig, dass es ein Vergnügen war.

„Du hässlicher Balg!", sagte die Mutter und hatte keine Zeit, Gerda zu schlachten.

„Sie soll mit mir spielen!", sagte das kleine Räubermädchen. „Sie soll mir ihren Muff und ihr hübsches Kleid geben und bei mir in meinem Bett schlafen." Dann biss es wieder zu, dass das Räuberweib in die Höhe sprang und sich ringsherum drehte. Und alle Räuber lachten und sagten: „Seht, wie sie mit ihrem Kind tanzt!"

„Ich will in die Kutsche hinein", sagte das kleine Räubermädchen, und es musste und wollte seinen Willen haben, denn es war verzogen und hartnäckig! Das kleine Räubermädchen und Gerda saßen nun darin, und so fuhren sie über Stock und Stein tiefer in den Wald hinein. Das kleine Räubermädchen war so groß wie Gerda, aber stärker, breitschultriger und von dunkler Haut. Die Augen waren ganz schwarz, sie sahen fast traurig aus. Es fasste die kleine Gerda um den Leib und sagte: „Sie sollen dich nicht schlachten, solange ich nicht böse auf dich werde. Du bist wohl eine Prinzessin?"

„Nein", sagte Gerda und erzählte alles, was sie erlebt hatte, und wie sehr sie den kleinen Kay lieb hätte.

Das Räubermädchen sah sie ganz ernsthaft an, nickte ein wenig mit dem Kopf und sagte: „Sie sollen dich nicht schlachten, selbst wenn ich noch so böse auf dich werde; dann werde ich es schon selbst tun!" Und dann trocknete es Gerdas Augen und steckte seine beiden Hände in den schönen Muff, der so weich und warm war.

Nun hielt die Kutsche. Sie waren auf dem Hof des Räuberschlosses angelangt. Es war von oben bis unten zerfallen, Raben und Krähen flogen aus den offenen Löchern, und die großen Hunde, von denen jeder aussah, als könnte er einen Menschen verschlingen, sprangen in die Höhe, aber sie bellten nicht, denn das war verboten.

In dem großen, alten, verräucherten Saal brannte mitten auf dem steinernen Fußboden ein großes Feuer. Der Rauch stand unter der Decke und musste sich selbst den Ausgang suchen. Ein großer Braukessel mit Suppe kochte, und Hasen und Kaninchen wurden am Spieß gedreht.

„Du sollst diese Nacht mit mir bei all meinen kleinen Tieren schlafen", sagte das Räubermädchen. Sie bekamen zu essen und zu trinken und gingen dann in eine Ecke, wo Stroh und Teppiche lagen. Obendrüber saßen auf Latten und Stäben beinah hundert Tauben, die alle zu schlafen schienen, sich aber doch ein wenig drehten, als die beiden kleinen Mädchen kamen.

„Das sind allesamt meine!", sagte das kleine Räubermädchen und ergriff rasch eine der nächsten, hielt sie bei den Füßen und schüttelte sie, dass sie mit den Flügeln schlug.

„Küsse sie!", rief es und klatschte sie Gerda ins Gesicht.

„Da sitzt das Waldgesindel", fuhr es fort und zeigte hinter eine Menge Stäbe, die vor einem Loch hoch oben in der Mauer eingeschlagen waren.

„Die sind das Waldgesindel, die beiden. Die fliegen gleich weg, wenn man sie nicht ordentlich eingesperrt hält. Und hier steht mein alter liebster Bä!" Und es zog ein Rentier, das einen blanken kupfernen Ring um den Hals trug und angebunden war, am Geweih. „Den müssen wir auch in der Klemme halten, sonst springt er uns ebenfalls fort. An jedem Abend kitzle ich ihn mit meinem scharfen Messer am Hals, davor fürchtet er sich so!" Und das kleine Mädchen zog ein langes Messer aus einer Mauerspalte und ließ es über den Hals des Rentiers gleiten. Das arme Tier schlug mit den Beinen aus, und das kleine Räubermädchen lachte und zog dann Gerda mit ins Bett hinein.

„Willst du das Messer behalten, wenn du schläfst?", fragte Gerda und blickte etwas furchtsam darauf.

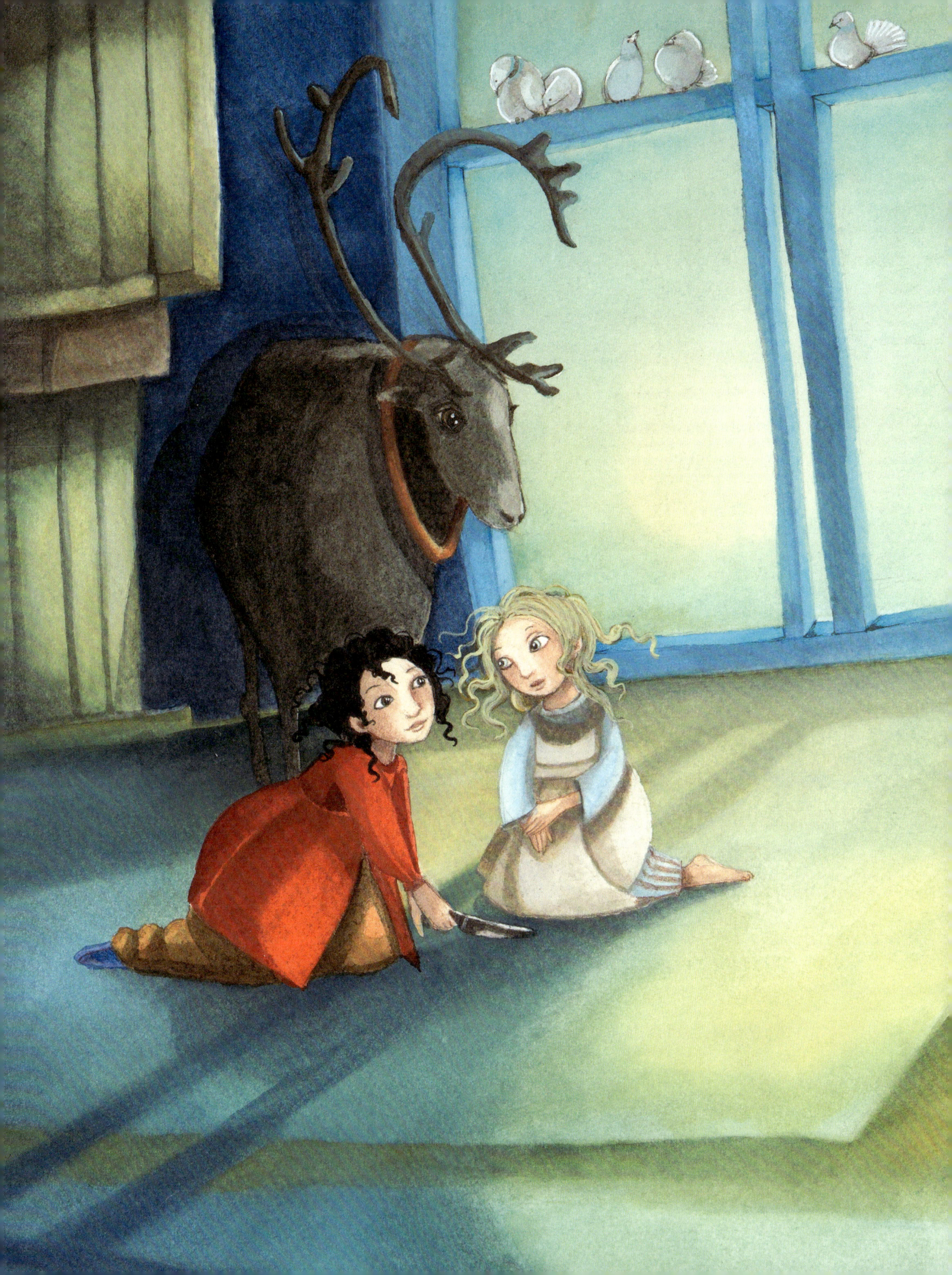

„Ich schlafe immer mit dem Messer!", sagte das kleine Räubermädchen. „Man weiß nie, was kommen kann. Aber erzähle mir nun wieder, was du mir vorhin von dem kleinen Kay erzähltest und weshalb du in die weite Welt hinausgegangen bist."

Und Gerda erzählte wieder von vorn, und die Waldtauben gurrten oben im Käfig, und die andern Tauben schliefen. Das kleine Räubermädchen legte seinen Arm um Gerdas Hals, hielt das Messer in der andern Hand und schlief, dass man es hören konnte. Aber Gerda konnte ihre Augen nicht schließen, sie wusste nicht, ob sie leben oder sterben würde. Die Räuber saßen rings um das Feuer, sangen und tranken, und das Räuberweib schlug Purzelbäume. Oh, es war ganz grässlich anzusehen für das kleine Mädchen. Da sagten die Waldtauben: „Kurre! Kurre! Wir haben den kleinen Kay gesehen. Ein weißes Huhn trug seinen Schlitten. Er saß im Wagen der Schneekönigin, der dicht über dem Wald dahinfuhr, als wir im Neste lagen. Sie blies auf uns Junge, und außer uns beiden starben alle. Kurre! Kurre!"

„Was sagt ihr dort oben?", rief Gerda. „Wohin reiste die Schneekönigin? Wisst ihr etwas davon?"

„Sie reiste wohl nach Lappland, denn dort ist immer Schnee und Eis! Frag das Rentier, das am Strick angebunden steht."

„Dort ist Eis und Schnee, dort ist es herrlich und gut!", sagte das Rentier. „Dort springt man frei umher in den großen glänzenden Tälern! Dort hat die Schneekönigin ihr Sommerzelt, aber ihr festes Schloss ist oben, nach dem Nordpol zu, auf der Insel, die Spitzbergen genannt wird!"

„Oh Kay, kleiner Kay!", seufzte Gerda.

„Nun musst du still liegen!", sagte das Räubermädchen. „Sonst stoße ich dir das Messer in den Leib!"

Am Morgen erzählte Gerda ihm alles, was die Waldtauben gesagt hatten, und das kleine Räubermädchen sah ganz ernsthaft aus, nickte aber mit dem Kopf und sagte: „Das ist einerlei! Das ist einerlei! Weißt du, wo Lappland ist?", fragte es das Rentier.

„Wer sollte es besser wissen als ich?", sagte das Tier und seine Augen funkelten. „Dort bin ich geboren und aufgewachsen, dort bin ich auf den Schneefeldern herumgesprungen!"

„Höre!", sagte das Räubermädchen zu Gerda. „Du siehst, alle unsere Mannsleute sind fort, nur die Mutter ist noch hier, und die bleibt, aber gegen Morgen trinkt sie aus der großen Flasche und macht dann ein Nickerchen – dann werde ich etwas für dich tun!" Nun sprang es aus dem Bett, fiel der Mutter um den Hals, zog sie am Bart und sagte: „Mein einzig lieber Ziegenbock, guten Morgen!"

Und die Mutter gab ihm Nasenstüber, dass die Nase rot und blau wurde, aber das war alles lauter Liebe. Als die Mutter dann aus ihrer Flasche getrunken hatte und ihr Nickerchen machte, ging das Räubermädchen zum Rentier hin und sagte: „Ich könnte besondere Freude daran haben, dich noch manches Mal mit dem scharfen Messer zu kitzeln, denn dann bist du so possierlich, aber es ist einerlei. Ich will deine Schnur losbinden und dir hinaushelfen, damit du nach Lappland laufen kannst. Aber du musst Beine machen und dieses kleine Mädchen zum Schloss der Schneekönigin bringen, wo ihr Spielkamerad ist. Du hast gewiss gehört, was es erzählte, denn es sprach laut genug, und du hast gehorcht!"

Das Rentier sprang vor Freude hoch. Das Räubermädchen hob die kleine Gerda hinauf. „Es ist einerlei", sagte es, „da hast du auch deine Pelzstiefel, denn es wird kalt, aber den Muff behalte ich, der ist gar zu niedlich!

Trotzdem sollst du nicht frieren. Hier hast du die großen Fausthandschuhe meiner Mutter. Krieche hinein! Nun siehst du an den Händen gerade so aus wie meine hässliche Mutter!"

Gerda weinte vor Freude.

„Mir gefällt nicht, dass du jammerst!", sagte das kleine Räubermädchen. „Jetzt musst du vergnügt aussehen! Da hast du zwei Brote und einen Schinken, damit du nicht hungerst." Beides wurde hinten auf das Rentier gebunden. Das kleine Räubermädchen öffnete die Tür, lockte all die großen Hunde herein, durchschnitt dann den Strick mit seinem scharfen Messer und sagte zum Rentier: „Nun lauf. Aber gib gut auf das kleine Mädchen acht!"

Gerda streckte die Hände mit den großen Fausthandschuhen dem Räubermädchen entgegen und sagte Lebewohl, und dann flog das Rentier über Stock und Stein davon, durch den großen Wald, über Sümpfe und Steppen, so schnell es nur konnte.

Die Wölfe heulten, und die Raben schrien. „Fut! Fut!", sagte es am Himmel. Es war gerade, als ob er rot nieste.

„Das sind meine alten Nordlichter!", sagte das Rentier. „Sieh, wie sie leuchten!" Und dann lief es noch schneller, Tag und Nacht. Die Brote wurden verzehrt, der Schinken auch.

Und dann waren sie in Lappland.

Sechste Geschichte

Die Lappin und die Finnin

Bei einem kleinen, jämmerlichen Haus hielten sie an. Das Dach ging bis zur Erde hinunter und die Tür war so niedrig, dass die Familie auf dem Bauch kriechen musste, wenn sie heraus- oder hineinwollte. Hier wohnte eine alte Lappin, die bei einer Tranlampe Fische briet. Das Rentier erzählte Gerdas ganze Geschichte, aber zuerst seine eigene, denn diese erschien ihm viel wichtiger. Gerda war so starr vor Kälte, dass sie nicht sprechen konnte.
„Ach, ihr Armen!", sagte die Lappin. „Da habt ihr noch weit zu laufen! Ihr müsst über hundert Meilen weit nach Finnmarken hinein, denn dort hat die Schneekönigin ihren Landsitz und brennt Abend für Abend ein Feuerwerk ab. Ich werde ein paar Worte auf einen trocknen Stockfisch schreiben, denn Papier habe ich nicht. Das werde ich euch für die Finnin dort oben mitgeben, sie kann euch besser Bescheid geben als ich!"
Als Gerda nun erwärmt war und zu essen und zu trinken bekommen hatte, schrieb die Lappin ein paar Worte auf einen trocknen Stockfisch, bat Gerda, gut darauf zu achten, band sie wieder auf dem Rentier fest, und dieses sprang davon.
„Fut! Fut!", sagte es oben in der Luft. Die ganze Nacht brannten die herrlichsten blauen Nordlichter. Dann kamen sie nach Finnmarken und klopften an den Schornstein der Finnin, denn sie hatte nicht einmal eine Tür.

Dort drinnen war eine Hitze, dass die Finnin fast ganz nackt ging. Klein war sie und schmutzig. Sie löste gleich die Kleider der kleinen Gerda, zog ihr die Fausthandschuhe und Stiefel aus, denn sonst wäre es ihr zu heiß geworden, legte dem Rentier ein Stück Eis auf den Kopf und las dann, was auf dem Stockfisch geschrieben stand. Sie las es dreimal. Dann konnte sie es auswendig und steckte den Fisch in den Suppentopf, denn er konnte ja noch gut gegessen werden und sie verschwendete nie etwas.
Nun erzählte das Rentier zuerst seine Geschichte, dann die der kleinen Gerda. Die Finnin blinzelte mit den klugen Augen, sagte aber gar nichts. „Du bist so klug", sagte das Rentier, „ich weiß, du kannst alle Winde der Welt mit einem Zwirnfaden zusammenbinden. Wenn der Schiffer den einen Knoten löst, bekommt er guten Wind, löst er den andern, dann bläst er scharf, und löst er den dritten und vierten, dann stürmt es, dass die Wälder umfallen. Willst du nicht dem kleinen Mädchen einen Trank geben, dass es die Kraft von zwölf Männern bekommt und die Schneekönigin besiegt?"
„Die Kraft von zwölf Männern?", fragte die Finnin. „Ja, das würde viel helfen!" Und dann ging sie zu einem Brett, nahm ein großes zusammengerolltes Fell hervor und rollte es auf. Darauf waren wunderliche Buchstaben geschrieben und die Finnin las, dass ihr das Wasser von der Stirn rann. Aber das Rentier bat wieder so sehr für die kleine Gerda und Gerda sah die Finnin mit so bittenden, tränenvollen Augen an, dass diese wieder mit den ihren zu blinzeln anfing und das Rentier in einen Winkel zog. Während es wieder frisches Eis auf den Kopf bekam, flüsterte sie ihm zu: „Der kleine Kay ist freilich bei der Schneekönigin und findet dort alles nach seinem Geschmack und Gefallen und glaubt, es sei der beste Teil der Welt, aber das kommt daher, dass er einen Glassplitter ins Herz und ein kleines

Glaskorn ins Auge bekommen hat. Die müssen heraus, sonst wird er nie wieder ein Mensch und die Schneekönigin wird ihre Macht über ihn behalten!"

„Aber kannst du nicht der kleinen Gerda etwas geben, sodass sie Macht über das Ganze bekommt?"

„Ich kann ihr keine größere Macht geben, als sie schon hat. Siehst du nicht, wie groß sie ist? Siehst du nicht, wie Menschen und Tiere ihr dienen müssen, wie sie auf bloßen Füßen so gut in der Welt fortgekommen ist? Von uns kann sie keine Macht erhalten, die sitzt in ihrem Herzen, die besteht darin, dass sie ein liebes, unschuldiges Kind ist. Kann sie nicht selbst zur Schneekönigin hineingelangen und das Glas aus dem kleinen Kay herausbekommen, dann können wir nicht helfen! Zwei Meilen von hier beginnt der Garten der Schneekönigin. Dahin kannst du das kleine Mädchen tragen. Setze sie beim großen Busch ab, der mit roten Beeren im Schnee steht. Halte nicht lange Gevatterklatsch, sondern spute dich, hierher zurückzukommen!"

Dann hob die Finnin die kleine Gerda auf das Rentier, das lief, was es konnte.

„Oh, ich habe meine Stiefel nicht! Ich habe meine Fausthandschuhe nicht!", rief die kleine Gerda. Das merkte sie in der schneidenden Kälte, aber das Rentier wagte nicht anzuhalten. Es lief, bis es zu dem Busch mit den roten Beeren kam. Da setzte es Gerda ab und küsste sie auf den Mund und es liefen große blanke Tränen über die Backen des Tieres. Dann lief es, was es nur konnte, wieder zurück.

Da stand die arme Gerda, ohne Schuhe, ohne Handschuhe, mitten in dem fürchterlichen, eiskalten Finnmarken.

Sie lief voran, so schnell sie konnte. Da kam ein ganzes Regiment Schneeflocken, aber die fielen nicht vom Himmel herab, denn der war ganz klar und leuchtete von Nordlichtern. Die Schneeflocken liefen auf der Erde daher, und je näher sie kamen, desto größer wurden sie. Gerda erinnerte sich noch, wie groß und kunstvoll die Schneeflocken damals ausgesehen hatten, als sie sie durch eine Lupe sah, aber hier waren sie freilich noch weit größer und fürchterlicher.

Sie lebten, sie waren die Vorposten der Schneekönigin, sie hatten die wunderlichsten Gestalten. Einige sahen aus wie hässliche große Stachelschweine, andere wie ganze Knoten von Schlangen, welche die Köpfe hervorstreckten, und andere wie kleine dicke Bären, deren Haare sich sträubten. Alle waren glänzend weiß, alle waren lebendige Schneeflocken. Da betete die kleine Gerda ein Vaterunser. Die Kälte war so groß, dass sie ihren eigenen Atem sehen konnte, wie Rauch ging er ihr aus dem Munde. Der Atem wurde dichter und dichter und formte sich zu kleinen Engeln, die mehr und mehr wuchsen, wenn sie die Erde berührten; und alle hatten sie Helme auf dem Kopf und Spieße und Schilde in den Händen. Es wurden immer mehr und als Gerda ihr Vaterunser beendet hatte, war eine ganze Legion um sie. Sie stachen mit ihren Spießen auf die gräulichen Schneeflocken ein, sodass sie in hundert Stücke zersprangen, und die kleine Gerda ganz sicher und frischen Mutes vorangehen konnte. Die Engel streichelten ihr Hände und Füße, und da spürte sie weniger, wie kalt es war, und ging rasch zum Schloss der Schneekönigin.

Aber nun müssen wir erst sehen, wie es Kay erging. Er dachte freilich nicht an die kleine Gerda, und am wenigsten daran, dass sie draußen vor dem Schloss stände.

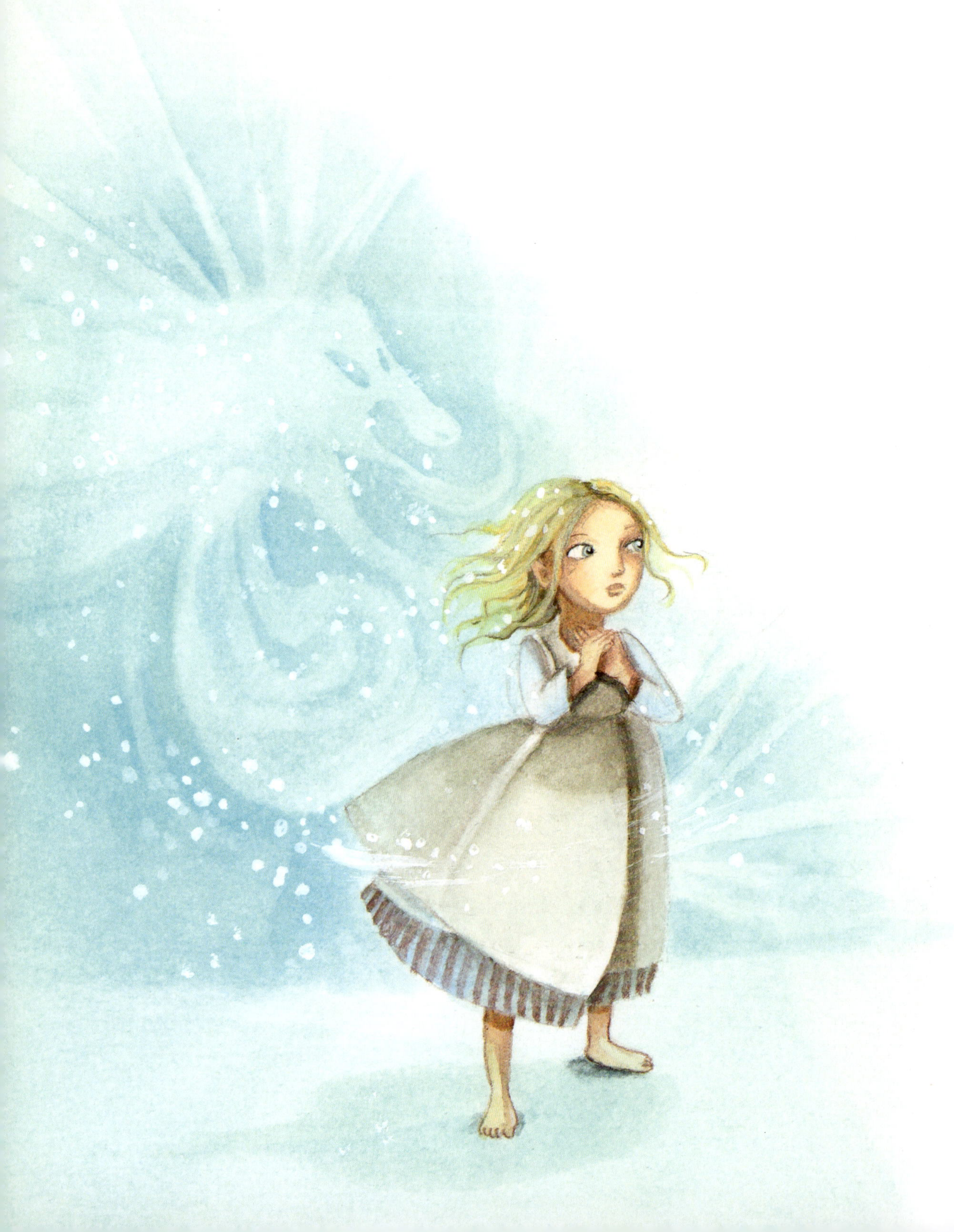

Siebente Geschichte

Was im Schloss der Schneekönigin geschehen war und was dort später geschah

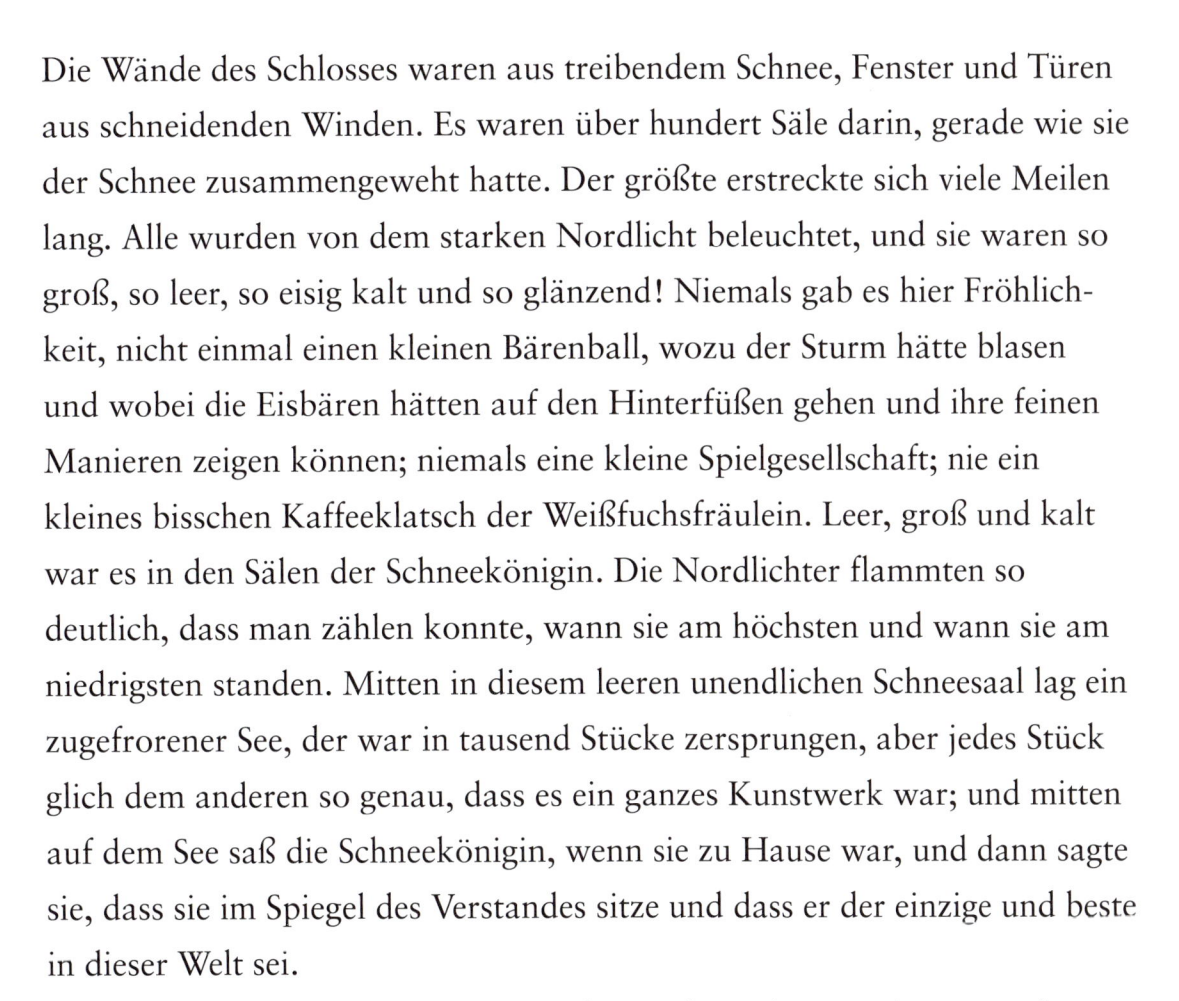

Die Wände des Schlosses waren aus treibendem Schnee, Fenster und Türen aus schneidenden Winden. Es waren über hundert Säle darin, gerade wie sie der Schnee zusammengeweht hatte. Der größte erstreckte sich viele Meilen lang. Alle wurden von dem starken Nordlicht beleuchtet, und sie waren so groß, so leer, so eisig kalt und so glänzend! Niemals gab es hier Fröhlichkeit, nicht einmal einen kleinen Bärenball, wozu der Sturm hätte blasen und wobei die Eisbären hätten auf den Hinterfüßen gehen und ihre feinen Manieren zeigen können; niemals eine kleine Spielgesellschaft; nie ein kleines bisschen Kaffeeklatsch der Weißfuchsfräulein. Leer, groß und kalt war es in den Sälen der Schneekönigin. Die Nordlichter flammten so deutlich, dass man zählen konnte, wann sie am höchsten und wann sie am niedrigsten standen. Mitten in diesem leeren unendlichen Schneesaal lag ein zugefrorener See, der war in tausend Stücke zersprungen, aber jedes Stück glich dem anderen so genau, dass es ein ganzes Kunstwerk war; und mitten auf dem See saß die Schneekönigin, wenn sie zu Hause war, und dann sagte sie, dass sie im Spiegel des Verstandes sitze und dass er der einzige und beste in dieser Welt sei.

Der kleine Kay war ganz blau vor Kälte, ja, fast schwarz, aber er merkte es nicht, denn sie hatte ihm ja den Kälteschauer abgeküsst und sein Herz war fast ein Eisklumpen. Er schleppte einige scharfe, flache Eisstücke hin und her, die er auf alle mögliche Weise aneinanderlegte. Kay legte Figuren, und zwar die allerkunstvollsten. Das war das Verstandeseisspiel. In seinen Augen waren die Figuren ganz ausgezeichnet und von allerhöchster Wichtigkeit. Das machte das Glaskörnchen, das ihm im Auge saß! Er legte ganze Figuren, die ein geschriebenes Wort waren, aber nie konnte er es dahin bringen, das Wort zu legen, das er gerade haben wollte, das Wort: Ewigkeit. Die Schneekönigin hatte gesagt: „Kannst du diese Figur herausfinden, dann sollst du dein eigener Herr sein, und ich schenke dir die ganze Welt und ein Paar neue Schlittschuhe."

Aber er konnte es nicht.

„Nun sause ich fort nach den warmen Ländern!", hatte die Schneekönigin gesagt. „Ich will dahin fahren und in die schwarzen Töpfe hinuntersehen!" Das waren die Feuer speienden Berge Ätna und Vesuv. „Ich werde sie ein wenig weißen! Das gehört dazu, das tut den Zitronen und Weintrauben gut!"

Die Schneekönigin flog davon und Kay saß ganz allein in dem viele Meilen großen, leeren Eissaal, sah die Eisstücke an und dachte und dachte, sodass es in ihm knackte. Ganz steif und still saß er, man hätte glauben können, er wäre erfroren. Da trat die kleine Gerda durch das große Tor in das Schloss.

Dort waren schneidende Winde, aber sie betete ein Abendgebet, und da legten sich die Winde, als ob sie schlafen wollten, und sie trat in die großen, leeren, kalten Säle hinein. Da sah sie Kay, sie erkannte ihn, sie flog ihm um den Hals, hielt ihn so fest und rief: „Kay! Lieber kleiner Kay! Da habe ich dich gefunden!"

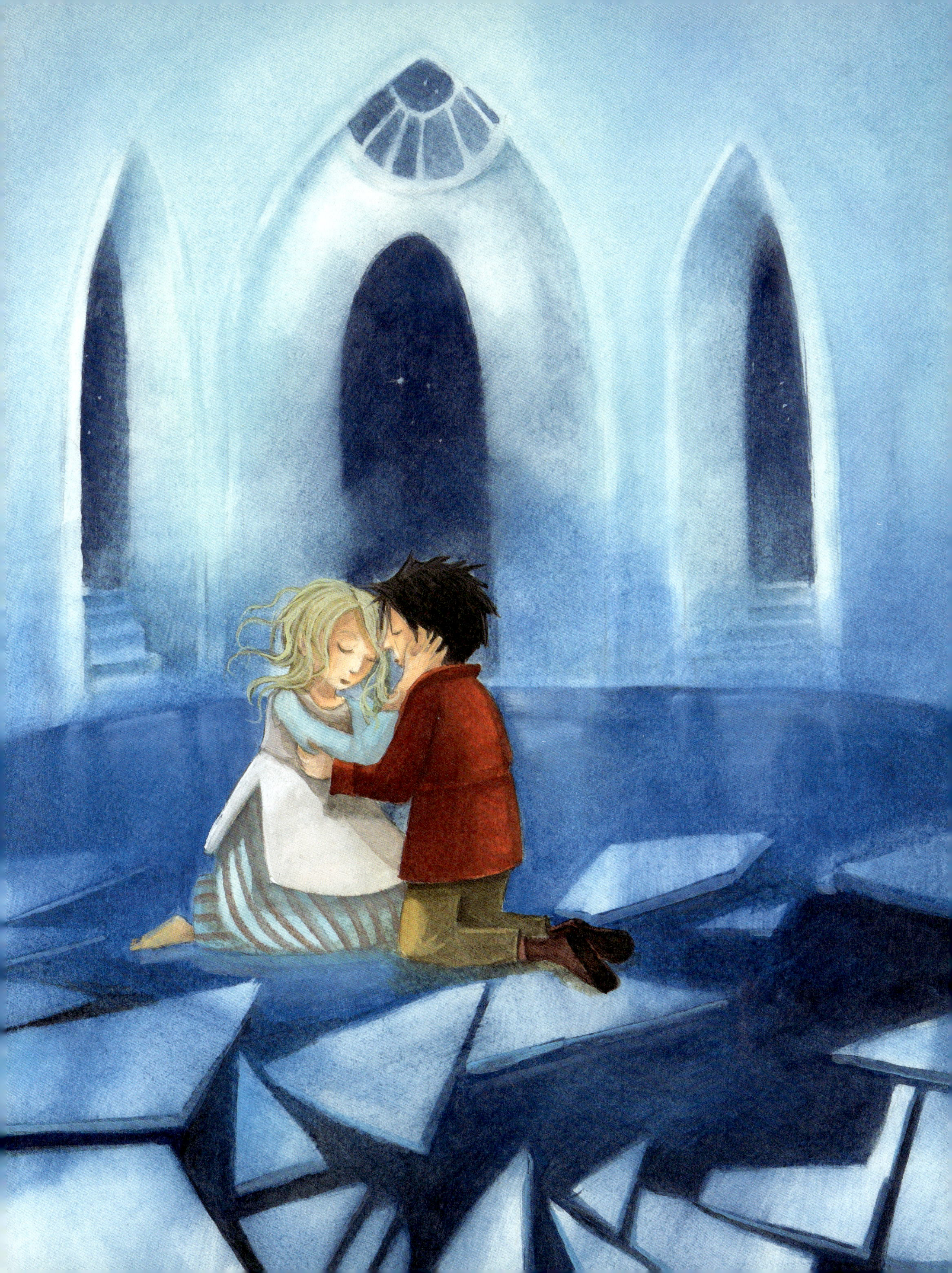

Aber er saß ganz still, steif und kalt. Da weinte die kleine Gerda heiße Tränen, sie fielen auf seine Brust, sie drangen in sein Herz, sie tauten den Eisklumpen auf und verzehrten das kleine Spiegelstück darin.

Er blickte sie an, und sie sang das Lied:

„Die Rosen, sie blühn und verwehen,
Wir werden das Christkindlein sehen!"

Da brach Kay in Tränen aus. Er weinte so, dass das Spiegelkörnchen aus dem Auge rollte. Er erkannte sie und jubelte: „Gerda! Liebe kleine Gerda! Wo bist du nur so lange gewesen? Und wo bin ich gewesen?" Und er blickte rings um sich her. „Wie kalt es hier ist! Wie weit und leer es hier ist!" Er hielt sich an Gerda fest, und sie lachte und weinte vor Freude. Das war so herrlich, dass selbst die Eisstücke vor Freude ringsherum tanzten, und als sie müde waren und sich niederlegten, lagen sie gerade in den Buchstaben, von denen die Schneekönigin gesagt hatte, er solle sie herausfinden, dann wäre er sein eigener Herr, und sie wollte ihm die ganze Welt und ein Paar neue Schlittschuhe geben.

Und Gerda küsste seine Wangen und sie wurden blühend. Sie küsste seine Augen und sie leuchteten wie ihre. Sie küsste seine Hände und Füße und er war gesund und munter. Die Schneekönigin mochte nun nach Hause kommen, sein Freibrief stand da mit glänzenden Eisstücken geschrieben.

Sie fassten einander bei der Hand und wanderten aus dem großen Schloss hinaus. Sie sprachen von der Großmutter und von den Rosen oben auf dem Dach; und wo sie gingen, lagen die Winde ganz still und die Sonne brach hervor.

Als sie den Busch mit den roten Beeren erreichten, stand das Rentier da und wartete. Es hatte ein anderes junges Rentier bei sich, dessen Euter voll war, und das gab den Kleinen seine warme Milch und küsste sie auf den Mund. Dann trugen sie Kay und Gerda zuerst zur Finnin, wo sie sich in der heißen Stube aufwärmten und über die Heimreise Bescheid erhielten, dann zur Lappin, die ihnen neue Kleider genäht und ihren Schlitten instand gesetzt hatte.

Das Rentier und das Junge sprangen neben ihnen her und folgten ihnen bis zur Grenze des Landes. Dort guckte das erste Grün hervor. Da nahmen sie Abschied vom Rentier und von der Lappin.

„Lebt wohl!", sagten sie alle. Die ersten kleinen Vögel begannen zu zwitschern, der Wald hatte grüne Knospen und aus ihm kam auf einem prächtigen Pferd, das Gerda kannte – es war vor die Goldkutsche gespannt gewesen –, ein junges Mädchen geritten, mit einer glänzenden roten Mütze auf dem Kopfe und Pistolen vor sich. Es war das kleine Räubermädchen, das es satthatte, zu Hause zu sein, und nun zuerst nach Norden und später, wenn es kein Vergnügen daran hätte, woandershin wollte. Es erkannte Gerda sogleich, und Gerda erkannte es auch. Das war eine Freude!

„Du bist ja ein schöner Bursche, so herumzuschweifen!", sagte es zum kleinen Kay. „Ich möchte nur wissen, ob du verdienst, dass man deinetwegen bis ans Ende der Welt läuft!"

Aber Gerda streichelte seine Wangen und fragte nach dem Prinzen und der Prinzessin.

„Die sind nach fremden Ländern gereist!", sagte das Räubermädchen.

„Und die Krähe?", sagte Gerda.

„Ja, die Krähe ist tot!", antwortete es. „Die zahme Liebste ist Witwe geworden und geht mit einem Fädchen schwarzen Wollgarns um das Bein umher. Sie klagt ganz jämmerlich, Geschwätz ist das Ganze! Aber erzähle mir nun, wie es dir ergangen ist und wie du ihn erwischt hast."

Und Gerda und Kay erzählten.

„Schnipp-Schnapp-Schnurre-Basselurre!", sagte das Räubermädchen, nahm beide bei der Hand und versprach, wenn es einmal durch ihre Stadt käme, so wolle es hinaufkommen, um sie zu besuchen. Und dann ritt es in die weite Welt hinein, aber Kay und Gerda gingen Hand in Hand, und wie sie gingen, war es herrlicher Frühling mit Blumen und Grün. Die Kirchenglocken läuteten und sie erkannten die hohen Türme, die große Stadt. Es war die, in der sie wohnten. Sie gingen hinein und zu Großmutters Tür, die Treppe hinauf, in die Stube hinein, wo alles auf derselben Stelle stand wie früher, und die Uhr sagte: „Tick! Tack!", und die Zeiger drehten sich. Aber als sie durch die Tür gingen, merkten sie, dass sie erwachsene Menschen geworden waren. Die Rosen aus der Dachrinne blühten zum offenen Fenster herein, und da standen die kleinen Kinderstühle. Kay und Gerda setzten sich jedes auf den seinen und hielten einander bei der Hand. Die kalte, leere Herrlichkeit bei der Schneekönigin hatten sie vergessen wie einen schweren Traum. Die Großmutter saß in Gottes hellem Sonnenschein und las aus der Bibel vor: „Werdet ihr nicht wie die Kinder, so werdet ihr nicht in das Himmelreich kommen."

Kay und Gerda sahen einander in die Augen, und sie verstanden auf einmal den alten Gesang:

„Die Rosen, sie blühn und verwehen,
Wir werden das Christkindlein sehen!"

Da saßen sie beide, erwachsen und doch Kinder, Kinder im Herzen, und es war Sommer, warmer herrlicher Sommer.

Hans Christian Andersen wurde 1805 als Sohn eines armen Schuhmachers und einer Wäscherin geboren. Nach dem frühen Tod des Vaters verdingte sich Andersen zunächst als Fabrikarbeiter, ehe er mit 14 Jahren nach Kopenhagen ans Theater ging und sein Glück als Schauspieler und Sänger versuchte. Protegiert wurde der junge H. C. Andersen von Jonas Collin, Direktor des Königlichen Theaters. Er ermöglichte Andersen den Besuch von Lateinschule und Universität.

Berühmt wurde H. C. Andersen durch seine Märchen, die in zahlreiche Sprachen übersetzt worden sind. Sie beruhen auf Volksmärchen und Sagen, die Andersen bearbeitete, sind aber auch beeinflusst von literarischen Strömungen des 19. Jahrhunderts. Längst zählen die Märchen von H. C. Andersen zu den bedeutendsten Werken der Weltliteratur, die bis heute nichts von ihrer zeitlosen Schönheit und unergründlichen Faszination eingebüßt haben.

Betina Gotzen-Beek verbrachte ihre Kindheit mit ihren Eltern auf den sieben Weltmeeren. Nach drei abgeschlossenen Berufsausbildungen studierte sie Grafik-Design und freie Malerei. Das erste Kinderbuch mit ihren Illustrationen erschien 1996.

„Die Andersen-Märchen haben meine gesamte Kindheit begleitet. Ich wuchs auf einem Zweimaster auf, habe mit echten Meerjungfrauen gesprochen und bin sogar mit ihnen geschwommen. Da ich überdurchschnittlich fantasiebegabt war, gelang es mir wie im Märchen ‚Das Mädchen mit den Schwefelhölzern', durch Wände zu schauen oder in den Himmel zu gucken. Als einziges Kind auf dem Meer, tagelang unterwegs, waren die Märchen meine ganze Erlebniswelt. Mein Lieblingsmärchen ist ‚Die wilden Schwäne'.
Ich habe es immer wieder gelesen und unendlich oft gemalt. Als ich als Erwachsene einmal bei Sonnenuntergang über das sich rot färbende Wasser schaute, kamen zwölf riesige weiße Schwäne angeflogen, zogen an mir vorüber in den Sonnenuntergang hinein. Dieses Erlebnis gehört zu den schönsten in meinem Leben."

Bibliografische Information der Deutschen Nationalbibliothek:
Die Deutsche Nationalbibliothek verzeichnet diese Publikation
in der Deutschen Nationalbibliografie.
Detaillierte bibliografische Daten sind im Internet
über *http://dnb.d-nb.de* abrufbar.

1 2 3 4 5   E D C B A

© 2017 Ravensburger Buchverlag Otto Maier GmbH
Umschlag- und Innenillustrationen: Betina Gotzen-Beek

Textbearbeitung: Sonja Hartl
Bildredaktion: Stefan Wendel
Satz: Anja Grad, Satz für Satz

Alle Rechte dieser Ausgabe vorbehalten durch
Ravensburger Buchverlag Otto Maier GmbH
Postfach 1860, 88188 Ravensburg

Printed in Germany

ISBN 978-3-473-36936-2

www.ravensburger.de